ソーイングナチュリラ
大人のおうち服

Prologue

コロナ禍を経□□□□□□□□は大きく変わりました。
オフィスワークは□□□□□リモートワークが中心に。
週末ごとの華やかな飲み会は、ささやかな宅飲みに──。

そんなおうち中心の生活だと、誰が見るわけでもないからと、
ついおしゃれの手を抜いてしまいがち。
けれど、古びた部屋着で一日を過ごすより、お気に入りの一着を
身につけるほうが、ずっと幸せな気持ちになれるんです。

『ソーイングナチュリラ』の人気作品に
『コットンタイム』の作品を加え、
おしゃれに見えて着心地も抜群の、
おうち服にぴったりなアイテム全 27 点を厳選しました。

ぜひ好きな布を選んで、素敵なおうち服を作ってみてください。
仕上がった服を着て鏡の前に立てば、
きっとそこには、いつも以上に笑顔のあなたがいるはずです。

ソーイングナチュリラ
大人のおうち服

Contents

※サイズ展開は、各作品によって異なります。P86〜87のITEM LISTでご確認ください。

Skirt

Dress

綴じ込み付録
実物大型紙 2枚

Tops

テレワークにぴったりの〝着心地はいいけれどカジュアルすぎない〟がテーマのトップスたち。

シンプルなので、手持ちのデニムやスカートとも相性抜群です。

リモート会議でも〝オンライン映え〟するように、

胸元や首元にポイントがあるアイテムを多く集めました。

┃ノーカラープルオーバー

袖つけなし、肩のはぎ合わせなし。
襟ぐり部分をくるりと丸くくりぬいたような 1 枚の布で作る、シンプルなプルオーバーは、
とにかく作り方が簡単。コットンレース地で作るとほどよく体になじみ、
身頃と袖のつながったフォルムのやわらかさが、きれいに出ます。

DESIGN／水野佳子
作り方は58ページ　PATTERN　C面

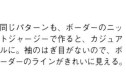
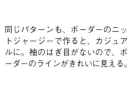

同じパターンも、ボーダーのニッ
トジャージーで作ると、カジュア
ルに。袖のはぎ目がないので、ボー
ダーのラインがきれいに見える。

肩を見れば、前・後ろ身頃がつながっている
のは一目瞭然。襟ぐりはバイアスで始末。袖
口が広いので、下にキャミソールなどを着ても。

ジャージーは生地幅が広く、身頃2枚を並べ
てとれる。要尺を節約するため肩ではぐ場合
は、前・後ろ身頃のラインが合うよう裁断を。

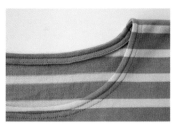

伸縮性のあるジャージー生地は、襟ぐり布は
バイアスではなく横長に裁断する。布端の始
末は、ステッチを2本かけて押さえればOK。

▌夏のポンチョ

しなやかに揺れるドレープのおかげで、女性らしいシルエットが楽しめるポンチョ。
冬物でよく見かけるポンチョを、夏用に作りました。
パターンはほぼ半円に近い形でパーツも少なく、あっという間に完成します。
薄手の天竺を使い、暑い夏もサラリと羽織れるように。

DESIGN／水野佳子
作り方は59ページ　PATTERN　C面

襟元はヘンリーネック風。素材の軽さとバランスがいいよう、プラスチックのスナップボタンを使う。表に出た縫い目もアクセントに。

脇下で10cmほど縫い合わせてある（左）。裏から見たところ（右）。縫い代はヒラヒラしてしまわないよう身頃に縫いつける。

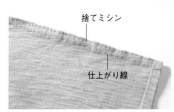

捨てミシン

仕上がり線

肩のはぎ合わせを裏から見たところ。布端は捨てミシン（布端から0.2〜0.3cmのところにステッチをかけること）で始末。

▌スタンドカラーのシャツ

スタンドカラーは首元がすっきり見えて、重ね着もしやすい便利な襟の形です。
おまけにこのシャツはお尻まで隠れる安心丈で、頼れる1枚になりそう。
襟つけ、袖口のあきとカフスつけなど、ウェアづくりに必要なひと通りの技術が、
このシャツでマスターできますよ。

DESIGN／Quoi?Quoi?
作り方は60〜61ページ　PATTERN　D面

布は、織り模様が入ったコットンを使用している。襟のつけ位置は、前端の端まで。身頃の切り替えには、ギャザーを寄せる。

背中にもギャザーをたっぷりと寄せるデザインになっている。ギャザーを寄せてから、襟をつける仕様。

リボンタイのプルオーバー

季節を問わず重宝するプルオーバー。
スリムに見えるのに脱ぎ着しやすいよう計算されたパターンなので、伸縮性のない布で仕立てても大丈夫。
首元はタイが映えるよう、Vネックになっています。
生地は自然なスラブ感のあるアイリッシュリネンを使用しました。

DESIGN／水野佳子
作り方は62〜63ページ　PATTERN　C面

胸元で蝶結びにすると、違った
印象に。リボンタイは、後ろ身
頃の襟ぐりの縫い代を始末せず
に残しておき、タイでくるんで
縫う。

リボンタイは長めの仕立てでアレンジが自在。
結ばずにストール風に首に巻きつけて後ろに
垂らせば、大人っぽい着こなしが完成する。

裾と袖口は、三つ折りで仕上げる。リボンタ
イにインパクトがあるので、他の部分はあえ
てスッキリと、控えめなデザインになっている。

▎ノースリーブのブラウス

切りっぱなしのフリルをたっぷり襟元につけました。
簡単なのにちょっとしたお出かけ着にもなる、便利なパターンです。
ここで使った布は、黒の綿麻ボイル。薄手で光沢があるので、上質な印象に。
ほかに、シルクシャンタンや、マドラスチェックなど柄物で作ってもおしゃれです。

DESIGN／Quoi?Quoi?
作り方は64ページ　PATTERN　B面

フリルは、粗いミシン目でギャザーを寄せて
アイロンをかけ、上からミシンで縫いつける。
洗濯すると、いい感じにほつれてくるように。

襟ぐり、袖ぐりの始末はバイアス布で処理。
端をくるむのではなく見返しのように裏につ
けるので、見た目がスッキリするのが特徴。

┃バタフライスリーブのブラウス

左ページの「ノースリーブのブラウス」と身頃の型紙は共通。袖を取り替えるだけで、
まったく違うトップスに仕上がります。ヒラヒラと動くバタフライスリーブのおかげで、
シンプルなトップスが表情豊かに。
秋冬は、薄手のセーターやカットソーで重ね着を楽しんで。

DESIGN／Quoi?Quoi?
作り方は65ページ　PATTERN　B面

大きく広がるバタフライスリーブは、脇の下
が輪になり、袖山で重ねた形。袖は肩の位置
で5cm重ねて縫いつけるので広がりすぎない。

前身頃の中心にタックを1本たたむデザイン。
タックをたたんだまま、裏バイアスで処理を
する。布は、さわやかな白いコットンを使用。

11

ラグランスリーブのプルオーバー

袖の切り替えが襟ぐりから脇下にかけて斜めに入っているラグランスリーブは、普通の袖つけより仕立てが簡単。
袖と身頃を縫い合わせたら、できたも同然です。
最後にゴムを通すと、みるみる形が決まり、うれしくなること間違いありません。無地で作るのも素敵です。

DESIGN／Quoi?Quoi?
作り方は66ページ　PATTERN A面

襟ぐり布の幅を3等分して縫い、ゴム通し位置を作る。ゴムを通すのを下2本だけにすると上端がヒラヒラして、ニュアンスが出る。

袖口にゴムを通すだけで、キュートなパフスリーブも簡単に。薄手のリバティプリント「タナローン」は、ギャザーもきれいに出る。

▌シャツパーカ

首元に絶妙なニュアンス、カジュアルながらきちんとした感じもある、シャツ素材のパーカ。
肌ざわりのよいスラブローンで作れば一年中活躍する一着に。
部屋着の上からかぶれば、そのまま買い物も OK。
フードがついているので縫うのが難しそうですが、意外なほど簡単に作れます。

DESIGN／水野佳子
作り方は67ページ　PATTERN　D面

フードは別に縫っておき、身頃とはぎ合わせ
て縫い代の始末をするだけ。実は、シャツの
襟つけより簡単にできてしまうので、おすすめ。

裾は三つ折りにしてコードを通し、キュッと絞
れるように。着こなしに幅が出るし、コードの
色や素材を好みでアレンジするのも楽しい。

袖も三つ折りにしただけで、あきもカフスも
ないデザイン。さりげなくまくり上げてもか
わいいし、好きな長さにカットして作れる。

Pants

動きやすく、はいていてラクちんなパンツは、
テレワークファッションの一番の味方。
シンプルなのに、手持ちの T シャツやニットに合わせるだけでおしゃれに見える――。
そんなパンツたちがそろっています。

リラックスパンツ

たった1枚の型紙で簡単に作れるパンツです。
選ぶ生地によっていろいろな表情になるので、おうちでリラックス用、近所のお出かけ用など……。
素材や質感、柄違いで何枚も作りたくなること請け合いです。
ここでは3種類の生地を使って、その雰囲気の違いを楽しんでみました。

DESIGN／平 真実
作り方は81ページ　PATTERN　D面

くすみがかった色味が、おうち服を
ぐっと大人っぽい印象に仕上げてく
れる。素材は上質なリネン。やわら
かく、はいていて気持ちがいい。

使った布：C&Sやさしいリネン（あずきミルク）
／CHECK&STRIPE

撮影協力／UTUWA

ウエスト部分は三つ折りにしてステッチをかけ、ゴムを通すだけの手軽さ。一日中リラックスしてはける、ラクちんなデザイン。

はいたときに力のかかる股ぐりは、強度を上げるためにミシンで二度縫いする。薄手の生地で作るには、この工程がマスト。

型紙1枚から2枚の生地を裁って股下を縫い、左右のパンツを縫い合わせる。脇をはぐ必要もなく、初心者でも簡単に作れる。

薄手のコットン生地でも、濃いめの色を選べば透ける心配がなく、外に出るときも安心してはける。

使った布：C&S海のブロード（マスタード）
／CHECK&STRIPE

サラサラした肌ざわりが心地いい、リバティプリント「タナローン」のパンツ。遊び心のある柄も、落ち着いた色味だと品のよい仕上がりに。

使った布：リバティプリント タナローン（Sail Away／21ATグリーン＆ブルー）
／ホビーショップサンドウ

アップサイクルリノ チュニックTシャツ／nest Robe 表参道店

▌イージーパンツ

シンプルなイージーパンツこそ、パターンが命。
これは、太すぎず細すぎずの絶妙なデザインで、シルエットが美しいのがポイントです。
モノクロのヘリンボーンを選べば、シックに。
スルリと落ち感のあるウールなので、脚がよりきれいに見えます。

DESIGN／坂内鏡子
作り方は68ページ　PATTERN　B面

後ろにポケットをつけることで、デザインに
メリハリが出て、完成度がアップする。バック
スタイルもきれいに決まるように。

麻混デニムで作るとこんな感じ。後ろだけで
なく前面に大きなポケットがあるので、いい
アクセントになる。ウエストはひもでとめる
タイプだが、下にもゴムが通してあるので、
全体に自然なギャザーが入る。

裾の始末は、ウールなどできれいめの雰囲気
に仕立てたいなら、手でまつり縫いに。右の
ように天然素材でカジュアルに着たいなら、
ミシンで三つ折りにして縫っても。

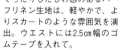

ポケットがあるとハンカチや鍵
などが入れられ便利。つけ方は
20ページで詳しく解説している
ので、初心者さんもぜひ挑戦し
てみて。

くったりしたしわ感のあるハー
フリネン生地は、軽やかで、よ
りスカートのような雰囲気を演
出。ウエストには2.5cm幅のゴ
ムテープを入れて。

▎ガウチョパンツ

ウエストはゴム仕様で、仕立てるのが簡単。それなのにタックがたたんであるから、
お腹まわりはスッキリ見える、大人にうれしいデザインです。
台形シルエットでスカート気分を味わいつつも、
歩いていても自転車でも風でめくれ上がることがなく、安心してはけます。

DESIGN／伊藤みちよ（May Me）
作り方は20〜21ページ　PATTERN　A面

ガウチョパンツを作りましょう

ウエストゴムのおうち服ながら、タックのおかげでスタイルアップも狙える、魔法のようなガウチョパンツ。
簡単に作れるので、生地をかえての量産もおすすめです。
初心者には難しそうに見えるポケットも、写真を見ながら作れば大丈夫!
用意するパーツが少ないのも、うれしいところです。

PATTERN A面

材料

表布…110cm幅×180cm
ゴムテープ…2.5cm幅×70cm

できあがりサイズ
Free size パンツ丈約77.5cm

※わかりやすく説明するために糸の色を変えています。実際に作るときは、布の色に合わせて糸をお選びください。
※プロセス内の数字の単位はすべてcmです。

裁ち合わせ図　　　☆縫い代は指定以外1cmつける

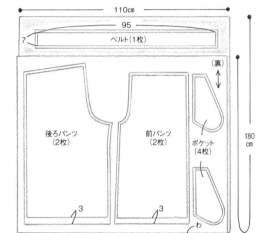

各パーツをカット

印をつけておくと便利!

パンツの型紙は前パンツと後ろパンツが似ていて混乱してしまうことがあります。また、生地の表裏をまちがえると、片方が2枚できてしまうこともあるので、各パーツにマスキングテープで「前パンツ　裏」などと印しておくと作業がスムーズにできます。

1 ポケットを作る

1 ポケット2枚を中表に合わせて曲線部分を縫う。まち針を抜いたあとに2枚がずれやすいので、目打ちでフォローするように押さえるとよい。

2 曲線部分の縫い代に縁かがりミシンをかける。2個作る。

2 タックをたたんで脇を縫い合わせる

1 タックをたたむ。

0.7

2 縫い代にミシンをかけて仮どめする。後ろパンツも同様にタックをたたみ、仮どめする。

3 ポケットをつける

1 右前パンツの脇の縫い代に前ポケットの縫い代を中表に合わせる（後ろポケットはよける）。

2 まち針でとめる。

前後パンツを中表に合わせ、脇をまち針でとめる。

3 前後パンツを中表に合わせ、脇をまち針でとめる。

4 ポケット口を残して脇を縫う。

3 あき止まりまで、右前パンツと前ポケットを縫う。

4 あき止まりの縫い代に、2枚一緒に切り込みを入れる。

5 4の切り込みから下の脇の縫い代を右後ろパンツ側に倒す。切り込みを入れて後ろパンツ側に倒すことで、ゴロつかずきれいに縫える。

6 前ポケットと右前パンツを
外表に合わせ、ポケット口
にステッチをかける。

7 ステッチをかけた部分を表
から見たところ。

8 右後ろパンツと後ろポケッ
トの縫い代を中表に合わせ
てポケット口を縫う。

4 縫い代の始末をする

1 股下にそれぞれ縁かがりミ
シンをかける。

5 ポケットの あき止まりに ステッチをかける

2 右前パンツと右
後ろパンツを中
表に合わせ、脇の縫
い代にジグザグミシ
ンをかける。

ポケットを前パンツ側に倒して、ポケッ
ト口の上下に2往復ステッチを
かけて補強する。

6 股下を縫い、裾を縫う

1 裾の縫い代を1cm折ってア
イロンをかける。

2 さらに2cm折ってアイロン
をかける。

3 折った裾を広
げ、前・後ろ
パンツを中表に合
わせて股下を縫
う。縫い代は割る。

4 裾を2の折り線で三つ折りにし
て縫う。
※同じ要領で左パンツを作る。

7 股上を縫う

1 左パンツを表に返して、右パン
ツの中に入れる。股上を合わせ
てまち針でとめる。

2 股上を縫う。

8 ベルトをつけて仕上げる

1 ベルトを中表に二つ折りにし、
ゴム通し口を残して短辺を縫
う。縫い代は割る。長辺はアイロン
で1cm折っておく。

2 パンツとベルトを写真のように
重ねて縫う。このとき、ゴム通
し口部分を後ろパンツの中央に合
わせる。

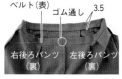

3 補強のため股上を2度縫いする。
股下の縫い目部分から前後15cm
を、もう一度縫う。

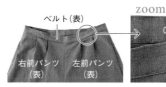

4 縫い代に縁かがりミシン
をかけ、縫い代は左パン
ツ側に倒しておく。

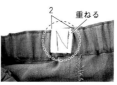

3 ベルトでパンツの縫い代を
くるみ、アイロンで押さえる。

4 表からベルトにステッチを
2本かける。

5 ゴムテープを通し、両端を
重ね、N字にステッチをし
て縫いとめる。

完成

ガウチョパンツ　arrange 1

ふんわりパンツ

「ガウチョパンツ」の裾にゴムを入れてアレンジしたパンツです。
リモートワークの合間に家事をするときや、
自転車で買い物に行くときも動きやすくて◎。
また、ゴムが目立たないようウエストにリボンをプラスしたことで、
女性らしさがアップ。よそゆき服としても活躍しそうです。

ARRANGE／依田早佳
作り方は69ページ　PATTERN A面

リボンをほどいてみたところ。
共布で作られているリボンは、
ウエストにつけたベルトループ
に通す仕様となっている。

左の肩ひもは、胸元にあるタ
ブのDカンに通すようになっ
ている。Dカンのメタリック
なカラーはデザインのアクセ
ントにもなっている。

肩ひもは背中の中心に近い位
置で留められ、後ろ姿がスッ
キリ見える。シンプルになり
すぎない、大きめの飾りボタ
ンもポイントに。

ガウチョパンツ　arrange 2

サロペットパンツ

「ガウチョパンツ」のタックを生かし、
胸当てと肩ひもをつけて、サロペットパンツにアレンジ。
後ろベルトにゴムを入れて、ダボッとしすぎないよう工夫しています。
きれいめにはける、大人のサロペットパンツです。

ARRANGE／岡部亜紀子
作り方は70ページ　PATTERN A面

テーパードパンツ

腰まわりは比較的ゆったり、裾に向かって細くなっているテーパードパンツ。
はきやすく、美しいシルエットが魅力ですが、実はウエストゴムでラクちんです。
光沢と伸縮性があって動きやすいサテンストレッチ生地なら、
カジュアルになりすぎず大人っぽく着こなせます。

DESIGN／水野佳子
作り方は71〜73ページ　PATTERN　D面

Front

Back

前パンツにはゴムを通さず、お腹部分をすっ
きりと。腰まわりがゆったりしているうえ、
後ろパンツ側に入れたゴムでぐんと伸びる。

表

裏

ポケットは表につけるのではなく、袋布を裏
側に縫いつけるタイプだから、さらに見た目
すっきり。ステッチもさりげないポイントに。

Skirt

面倒な手順や作り方のないデザインが中心のスカートたち。
はきやすいのに、お腹まわりやお尻がスッキリ見えるデザインばかりなのも、
大人の女性にはうれしいところ。
動きの少ないテレワークだからこそはけるロングスカートも紹介します。

▎シャーリングスカート

裾まわりがたっぷり広がって動きやすく、フラガールのようにキュートなデザインのスカート。
ウエスト部分の細かなシャーリングが、ポイントになっています。
お腹まわりやお尻がすっきりと見えるのは、前面に入れた2本のボックスタックのおかげです。

DESIGN／坂内鏡子
作り方は74〜75ページ

使った布：C&S海のブロード（ラベンダー）
／CHECK&STRIPE
撮影協力／UTUWA

ウエスト部分にステッチを6本
入れて、1列置きにゴムテープ
を計3本通す。ゴムテープ通し
口は、脇を縫い合わせた縫い目
を少しほどいて作る。

裾と平行にタックをたたんで、
デザインのポイントに。こうす
ると裾に適度な重さが加わるた
め、ドレープがきれいに出る効
果もある。

薄手の生地を選ぶと落ち感が出て、
全体のシルエットが美しくなる。裾
のタックなどディテールをはっきり
見せたいときは、無地がおすすめ。

ウエストはバイアステープでくるんで、始末する。共布を使っても、もちろん素敵に仕上がる。脇には、コンシールファスナーをつける。

▍台形スカート

ウールやデニム、リネンなど、どんな布で作ってもさまになる台形スカート。
ここでは紺の細うねのコーデュロイを選びました。
ありふれた感じにならないように、ウエスト部分のバイアステープには、
とっておきのリバティプリントを使って個性をプラスしています。

DESIGN／Quoi?Quoi?
作り方は76ページ　PATTERN A面

裏から見たところ。ダーツを縫ったら中心側に倒して、アイロンでしっかり押さえておく。ちなみに裏地はつけない。初心者も手軽に作れる。

タックのロングスカート

中央でつき合わせてたたみ、ウエストでのみ押さえたタックはボリュームたっぷり。
とはいえ、リネン素材でこの丈なら落ち感も出るので、意外とすっきり着こなせます。
オフィス通勤ではなかなかはきづらいマキシ丈スカートも、在宅ワークなら問題なしです。

DESIGN／水野佳子
作り方は77ページ　PATTERN　C面

ストンとしたシルエットなので、ギャザース
カートよりも大人っぽく着こなせる。ウエス
トは、ベルトタイプになっている。

裏から見ると、こんなふう。ウエストベルト
は布端にみみを利用しているので、ゴロつか
ず、すっきり始末できる仕様になっている。

▌レース生地のスカート

アイレット（ハトメ）のように穴があいたレース生地を使うと
シンプルなギャザースカートが華やかになり、ちょっとした外出にもぴったりの一着に。
暑い季節なら涼しげなおしゃれも演出できます。
黒いゴムベルトが全体を引き締め、着やせ効果も狙えるスカートです。

DESIGN／野木陽子
作り方は32〜33ページ　PATTERN　D面

ウエストにあらかじめギャザーを寄せてお
き、ゴムを伸ばしながらじかにミシンで縫い
つける方法。慣れれば簡単にできるように。

■バルーンスカート

左の「レース生地のスカート」と同じ型紙から、
まったく雰囲気の違うシルエットのスカートができました。
シンプルなボーダーTシャツと組み合わせても平凡にならず、おしゃれなスタイルに。
張りのあるチノクロスを使うと、裾がすぼまったバルーンの形がはっきり出ます。

DESIGN／野木陽子
作り方は32〜33ページ　PATTERN　D面

布をたたんでひだを作る、タックスカート。
ウエストまわりの広がりが少なく、トップス
をインにして着ても、スッキリと見せられる。

裾に前後4本ずつ入れるタックが、バルーン
シルエットの秘密。タックをたたんだら二つ
折りにし、ミシンをかけるだけなので簡単。

バルーンスカートと
レース生地のスカートを作りましょう

同じ型紙から、2つの違うスタイルを楽しみましょう。
バルーンスカートは一見凝って見えますが、実はウエストと裾にタックを寄せるだけ。
レースのスカートも、ゴムテープがベルトがわりで、ゴム通しの手間が不要。
どちらも簡単に作れるのに、存在感のあるスカートです。

PATTERN D面

※このプロセスで使用している生地は作品見本とは異なります。また、わかりやすく説明するために糸の色を変えています。実際に作るときは、布の色に合わせて糸をお選びください。
※プロセス内の数字の単位はすべてcmです。

バルーンスカートの作り方

裁ち合わせ図

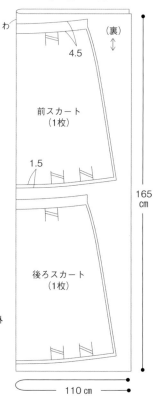

わ　　　　　　　　（裏）

4.5

前スカート
（1枚）

1.5

後ろスカート
（1枚）

165
cm

110 cm

☆縫い代は指定以外
1cmつける

材料
チノクロス…110cm幅×165cm
2.5cm幅ゴムテープ
（自分のウエスト寸法＋2cm）

できあがりサイズ
Free size　スカート丈約70cm

1 ウエストと裾のタックをたたむ

タック
（裏）

（裏）

1

1 型紙の印どおりにウエストのタックを縫い止まりまで縫い、中心側に倒す。前・後ろスカートとも同様に縫う。

2 裾はミシンをかけずにたたみ、縫い代にミシンで仮どめをしておく。前・後ろスカートとも同様。

2 脇を縫う

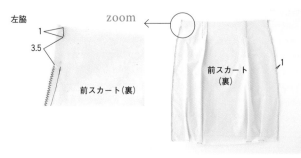

左脇
1
3.5
前スカート（裏）

zoom

前スカート
（裏）

1

前・後ろスカートを中表に合わせ、両脇を縫う。左脇はゴムテープ通し口を3.5cmあけておく。縫い代に2枚一緒に縁かがりミシンをかけ、後ろスカート側に倒す。

3 ウエストと裾を縫う

4.5
3.5
（表）

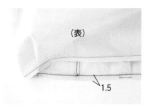

（表）

1.5

1 ウエストはぐるりと1周縁かがりミシンをかけ、二つ折りにして縫う。

2 裾はウエスト同様、1周縁かがりミシンをかけ、二つ折りにして縫う。

4 ゴムテープを通す

ゴムテープ通し口からゴムテープを通し、両端を重ねて縫ってできあがり。縫い方は33ページのレース生地のスカート4と同様。

完成

材料

表布（レース生地）110cm幅×160cm
3cm幅ゴムテープ
（自分のウエスト寸法＋2cm）

できあがりサイズ
Free size　スカート丈約70cm

裁ち合わせ図

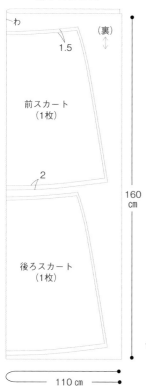

わ

（裏）

1.5

前スカート
（1枚）

2

後ろスカート
（1枚）

160cm

☆縫い代は指定以外
1cmつける

110cm

レース生地のスカートの作り方

1 脇を縫う

前スカート（裏）

1

前・後ろスカートを中表に合わせ、両脇を縫う。縫い代に2枚一緒に縁かがりミシンをかけ、後ろスカート側に倒す。

2 粗ミシンをかける

粗ミシンをかける

前スカート（表）

〔1.2〕

ウエスト

〔0.5〕

ウエストの縫い代に1周縁かがりミシンをかけ、ギャザーを寄せるための粗ミシンを2本かける。

3 裾を縫う

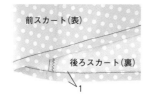

前スカート（表）

後ろスカート（裏）

1

裾を1cmの三つ折りにして縫う。

4 ウエストゴムを輪にする

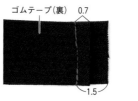

ゴムテープ（裏）　0.7

1.5

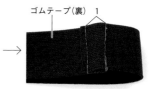

ゴムテープ（裏）　1

1 ゴムテープを中表に二つ折りにし、端を少しずらして重ねて縫う。

2 縫い代を倒し、もう1本ミシンをかけて端をとめる。

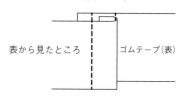

表から見たところ　　ゴムテープ（表）

5 ウエストゴムに 合い印をつける

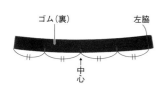

ゴム（裏）　　左脇

中心

両脇と前後中心、さらにその中間にもチャコペンで印をつけておく。

6 ウエストに ギャザーを寄せる

前スカート（表）

粗ミシンの下糸を引っぱってギャザーを寄せる。縮める寸法は、自分のヒップ寸法＋ゆとり5cmが目安。ヒップ90cmなら95cmまで縮める。

7 ウエストにゴムを縫いつける

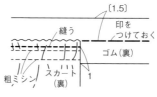

〔1.5〕

印をつけておく

縫う

ゴム（裏）

粗ミシン

スカート（裏）

1

1 スカートがゴムに1.5cm重なるように縫うので、ゴムにあらかじめチャコペンで線を引いておくといい。

左脇

ゴム（表）

後ろスカート（表）

2 合い印を合わせてまち針でとめる。

broth

3 ゴムを伸ばしながら裏からミシンをかける。

縫う

1

0.3

4 3で縫ったところの下に表からミシンをかけ、端をとめてできあがり。

完成

Column ❶ 山本あきこさんの
シャーリングスカート&リラックスパンツ
お外de 着まわし講座

山本あきこさん

ライフ&ファッションスタイリスト。女性誌などでスタイリングを手がけるほか、〝センスは鍛えられる〟という独自セオリーで講座を開催、各メディアで活躍中。著書は『山本あきこの日本一楽しいおしゃれドリル』（主婦の友社）、『男子ファッション最強図鑑』（かんき出版）など、累計発行部数30万部を超える。
インスタグラム @akiko_yamamoto__
YouTube #なぜおしゃチャンネル

シンプルなのに、いつもよりおしゃれに見える──。
そんなコーディネートで今、大人気のスタイリスト・山本あきこさん。
ここでは、作品ページで〝おうち服〟だったアイテムが、
〝ちょっとそこまでのおしゃれなワンマイルウェア〟になる着こなし術を、山本さんに教わります。

【Shirring skirt】

たっぷりニット&ブーツで
冬も着まわして

薄手のスカートでも、80デニールくらいの厚手のタイツにブーツを合わせれば、寒い季節でもOKの通年アイテムに。むしろ「薄手素材を秋冬のおしゃれに取り入れると着こなしにメリハリがつくのでおすすめです。しかもこのスカートはゴム部分が幅広でウエストが広がりすぎない。たっぷりしたニットを上から着ても、お腹まわりがすっきり見えますよ」。

トップスインなら
〝ウエスト上め〟が鉄則

ウエストのシャーリングが主役の着こなし。「トップスインのときは、ウエスト上めでスカートをはきましょう。脚長に、スタイルアップして見えます」。パープルに合う鉄板色・ブラウンのトップスと合わせレディライクにまとめました。「ラベンダーは大人でもイタくならず女性らしさを演出できる。ベーシックカラーとも好相性の〝大人が使える差し色〟です」

/ Akko's check!

ゴムで丈感が調整できる

「ウエストがゴムだと、はいたときの丈を調整しやすくて、いいんです」と、山本さん。トップスインではウエスト上めではいていましたが、ニットの着こなしでは下めではき、丈を長く見せています。さらに「スカートを下げてはくとき、ゴムが1本だと食い込みやすくて。でもこれはゴムの部分が幅広で、腰下にはいても痛くない！　それもいいなと思いました」。

【Relax pants】

レザーの質感で カジュアルを "格上げ"

コーディネートによってはラフすぎる印象となる、コットンパンツ。山本さんが提案するのは大人カジュアルです。「ショート丈フーディに合わせたのは爽やかな白いロングテールTシャツ。ロングテールでお尻が隠れ、パンツをきれいにはけます」。足元のレザースニーカーもポイント。高級感のある革の質感を取り入れると着こなしが大人っぽくまとまるそう。

ロングシャツを羽織れば "お外着" になる

ラフなトップスとパンツでリモートワークをした後、ロングシャツさえ羽織れば買い物にも行ける、とても便利なコーディネート。「着こなしのコツは、ウエストから上くらいのボタン2、3個だけを留めておくこと。そうすると、ちょうどウエスト部分を隠しつつも、パンツがチラチラと見える状態に。体型カバーもしつつ、おしゃれに着こなせますよ」

黒と合わせ、"大人" な お出かけスタイルに

透け感のある黒シャツで、くすみピンクが大人っぽく見えるコーディネートに。重く見えがちな黒も、シースルー素材なら軽やか。また、トップスの丈感もポイントです。「ウエストが総ゴムなので、そこは出さないほうが、お外着として着やすいです。パンツがそれほど太くないので、トップスにオーバーサイズを選んでも、意外にすっきりとまとまりますよ」

/ Akko's check !

八分丈で足首をきれいに

"首・手首・足首の『3首』を出すと、すっきりした印象に"。そんな山本さんのセオリーを実践できる、このパンツ。「絶妙な八分丈なので、今回のように抜け感のあるサンダル、全体を締める黒のフラットシューズなどを合わせると脚がきれいに見えるのでおすすめです。また、スニーカーからのぞかない短め丈の靴下をはくと、あか抜けて見えますよ」

Dress

ワンピースって、実は働く女性のおうち服にうってつけのアイテム。
朝、さっと1枚かぶるだけで着こなしが完成する手軽さは最高！
家で仕事をするときも家事をするときも、着ていてとってもラクなのに、
そのまま買い物に行けるきちんと感まであるなんて、うれしすぎませんか?

▌フリルワンピース

フレア状の袖がかわいいワンピースは、袖つけもファスナーつけもなく技術的な難しさはゼロ。
シルエットがガーリーなので、渋めの色で作ると落ち着いた印象に。
ここではリバティプリント「タナローン」の細かな柄を使用し、
甘すぎず大人っぽく仕上げています。

DESIGN／Quoi?Quoi?
作り方は78〜79ページ　PATTERN　B面

原型はチューブトップ風の身頃とギャザースカートを組み合わせたデザイン。身頃の両側にフリルつきストラップを吊りスカート風に縫いつけ、フリルを袖のかわりにしている。

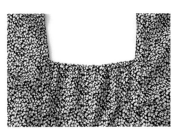

前身頃の上部にはゴムを通し、細かいギャザーを寄せることで、かわいらしい印象に。胸のあきも気にならず、インナーなしでも安心。

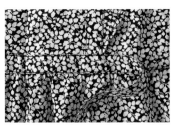

ウエストリボンは、最後に身頃とスカートのはぎ目に縫いつける。脇まで縫いきらずに少し垂らし、締めたり緩めたりの変化を楽しんで。

▌七分袖のワンピース

ファスナーつけなどの手間がない、かぶるタイプのワンピースは簡単ソーイングの鉄板。
腕をきれいに見せてくれる七分袖やドロップショルダーなど、
シンプルながらもこだわりの詰まったデザインです。
42ページに掲載のフレンチスリーブアレンジも、ぜひ挑戦を。

DESIGN／野木陽子
作り方は40〜41ページ　PATTERN　B面

襟ぐりを始末するバイアステープ
をそのまま伸ばして、背中でリボ
ン結びにしている。シンプルなデ
ザインのアクセントにぴったり。

七分袖のワンピースを作りましょう

このワンピースは襟ぐりの始末さえできれば、あとはほとんどが直線縫い。
あっという間に仕上げることができます。
ここでは、詳しい写真プロセスで作り方と手順を解説します。
身頃の袖ぐりや肩など、生地の伸びが気になる場合は、伸び止めテープを活用してもOKです。

PATTERN B面

材料

表布…110cm幅×260cm
伸び止めテープ…0.9cm幅×70cm
接着芯…10cm×15cm

できあがりサイズ
Free size 着丈約100cm

バイアス布のつなぎ方

中表に
合わせて
縫う
0.5
（表）　（裏）

縫い代を割ってアイロンをかけ、
余分な縫い代をカットする

（裏）　（裏）

カットする

※このプロセスで使用している生地は作品見本とは異なります。また、わかりやすく説明するために糸の色を変えています。実際に作るときは、布の色に合わせて糸をお選びください。
※プロセス内の数字の単位はすべてcmです。

裁ち合わせ図

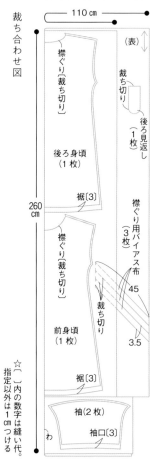

110cm

襟ぐり〔裁ち切り〕
後ろ身頃（1枚）
（表）
後ろ見返し（1枚）
襟ぐり〔裁ち切り〕
裾〔3〕

260cm

襟ぐり用バイアス布〔3枚〕
45
裁ち切り
3.5
前身頃（1枚）
裾〔3〕
袖（2枚）
袖口〔3〕
わ

☆指定以外は1cmつける
〔〕内の数字は縫い代。

ちょっとおさらい〜型紙の作り方〜

1 実物大型紙の上にハトロン紙を重ね、ずれないようウエイトをのせる。鉛筆またはシャープペンシルで線の上をなぞる。

2 型紙の布目線や合い印などを写し、実物大型紙にある縫い代の数字を書き込む（前・後ろ身頃は、型紙が折り線で折られているので折り上げられた部分も足して1枚にする）。

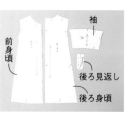

袖
前身頃
後ろ見返し
後ろ身頃

3 すべてのパーツを写し終えたら、線どおりにはさみでカットする。これで型紙の完成。

---

1 布を裁つ

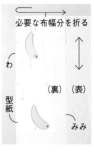

必要な布幅分を折る
わ
型紙
（裏）（表）
みみ

1 型紙は、布目線と布の両端（みみ）が平行になるようそろえて配置するのが基本。身頃など、中央で"わ"になっているパーツは、生地を中表に折ってから型紙を重ねる。型紙＋縫い代分を考慮した布幅に折ると、ムダがない。

2 型紙がずれないようウエイトで押さえ、型紙の外側に縫い代を加えた線をチャコペンで描く。カーブ部分は細かく点をつけてから、線をつなげるようにする。

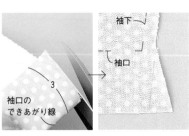

袖下
袖口
袖口のできあがり線
3

3 袖口はややすぼまっているので縫い代を調節する。袖口の縫い代をできあがり線で折り上げ、袖下の縫い代線に合わせて裁つと、写真のように縫い代部分が広がる。逆に裾はやや広がっているので、同様に折り上げて脇のラインに合わせて裁つ。

後ろ見返し
袖
後ろ身頃
前身頃
バイアス布

4 型紙をはずし、生地を裁つ。生地を"わ"にして印をつけたパーツは二つ折りのまま、ずらさないように裁つ（まち針などでとめるといい）。はさみをテーブルから離さないようにするとずれにくい。余った部分でバイアス布も裁っておく。

---

2 襟ぐりに伸び止めテープを貼る

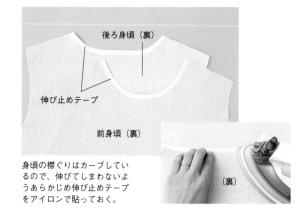

後ろ身頃（裏）
伸び止めテープ
前身頃（裏）
（裏）

身頃の襟ぐりはカーブしているので、伸びてしまわないようあらかじめ伸び止めテープをアイロンで貼っておく。

3 後ろ身頃に見返しをつける

1 後ろ見返しは裏に接着芯を貼り、周囲を縁かがりミシンで始末する。後ろ身頃のつけ位置に中表に合わせて縫う。

2 2枚一緒に切り込みを入れ、表に返してステッチをかける。

4 肩を縫う

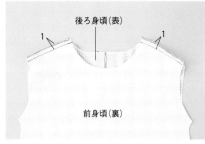

前・後ろ身頃を中表に合わせて肩を縫う。縫い代は2枚一緒に縁かがりミシンで始末し、後ろ身頃側に倒す。

5 襟ぐりを始末する

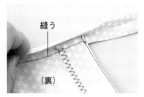

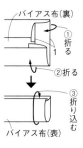

1 バイアス布をはぎ（左ページ図参照）、両端を折って1.8cm幅のテープを作る。「テープメーカー」を使うと便利。

2 身頃の襟ぐりとバイアス布の布端がそろうように中表に合わせ、まち針でとめる。両端は、リボンになる部分を各30cmほど残しておく。

3 テープの折り目に沿って縫い、バイアス布を四つ折りにして襟ぐりの布端をくるみ、形を整える。

point
リボン部分の布端は、右図のように短辺→長辺の順で折る。

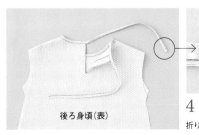

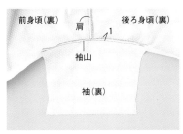

4 身頃の表からバイアス布を縫い押さえる。リボン部分も続けて縫う。布端は、3のように折り込んでおけばL字に縫う必要はない。

6 袖をつける

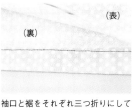

身頃と袖を中表に合わせて縫う。このとき、身頃の肩と袖山の合い印を合わせること。縫い代は2枚一緒に縁かがりミシンで始末し、身頃側に倒す。

point
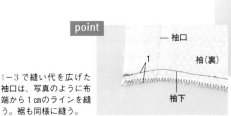

1−3で縫い代を広げた袖口は、写真のように布端から1cmのラインを縫う。裾も同様に縫う。

7 袖下から脇を縫う

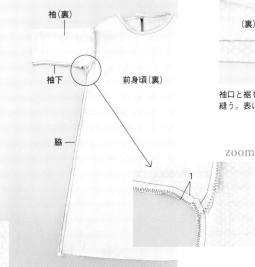

前・後ろ身頃を中表に合わせ、袖下から脇まで続けて縫う。縫い代は2枚一緒に縁かがりミシンで始末する。

8 仕上げる

袖口と裾をそれぞれ三つ折りにして縫う。表に返して完成。

完成

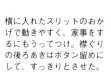

横に入れたスリットのおか
げで動きやすく、家事を
するにもうってつけ。襟ぐり
の後ろあきはボタン留めに
して、すっきりとさせた。

七分袖のワンピース　arrange 1

スリット入りチュニック

「七分袖のワンピース」の型紙で袖をつけずに仕立てると、
フレンチスリーブの女性らしいシルエットになります。
丈をぐっと短く作れば、夏に大活躍するトップスに変身。
前後で丈が違う、ロングテールデザインなので、
裾をアウトして着こなすのも素敵です。

作り方は85ページ　PATTERN　B面

七分袖のワンピース　arrange 2

フレンチスリーブワンピース

2つめのアレンジは、袖をはずしてベルトをプラス。
さわやかなフレンチスリーブのワンピースに展開します。
素材もリバティプリント「タナローン」にかえただけで、
ストンとした落ち感が加わり、ワンピースの印象がガラリと変わります。
ウエストにつけたリボンも、清楚さを後押し。

作り方は85ページ　PATTERN　B面

たっぷりした身幅のワンピー
スは、ウエストを絞ると
ひと味違った雰囲気に。後
ろでリボンを結ぶことで、
スタイルアップが狙える。

内側と外側、2カ所をリボンで結んで
留めるラップスタイル。前を開けて着
ればコートがわりに。

▍カシュクールワンピース

スカート部分にギャザーを寄せた、やさしい印象のカシュクールワンピース。
丈がやや長めな分、袖は手首がすっきりと見える七分袖になっています。
布の面積が大きいので、生地はリネンの無地などが、
コーディネートしやすそうです。

DESIGN／Quoi?Quoi?
作り方は80〜81ページ　PATTERN　A面

ノースリーブのワンピース

前身頃と後ろ身頃の肩を、肩口が動くよう縫い合わせるため、
このワンピースはファスナーなしでも頭が入るのが特徴。
ボートネックで鎖骨をきれいに見せ、スッキリした印象になるデザインです。
1枚で着るのはもちろん、カットソーやニットを重ね着してもおしゃれに決まります。

DESIGN／Quoi?Quoi?
作り方は82〜83ページ　PATTERN　C面

▌スラッシュあきのノースリーブのワンピース

左ページにある「ノースリーブのワンピース」の型紙をそのまま使って、
前身頃の襟ぐりにスラッシュあきをプラスしました。
シンプルなワンピースなので、小物次第で着こなしにいくらでも変化がつけられます。
好みの布で何枚も作りたくなりますね。

DESIGN／Quoi?Quoi?
作り方は82〜83ページ　PATTERN　C面

襟ぐりにまっすぐ切り込みを入れたスラッシュ
あきは、胸元のアクセントに。どちらも無地の
リネンを使い、シンプルに仕上げている。

■ロングスリーブのワンピース

44～45ページのワンピースと共通の前・後ろ身頃に、袖と、ウエストのひも通し布をつけたアレンジ。
上質な黒のリネンで縫い、アイロンをかけると、クラシックな雰囲気が漂うおしゃれ着になります。
おうち服として着るなら、洗いざらしでカジュアルに着こなしても。

DESIGN／Quoi?Quoi?
作り方は84ページ　PATTERN　C面

ひもは共布で。ひも通し口は、ボタン穴かがりで作る。ひも通し部分は、前身頃の裏面にバイアステープをあてて縫い、作る。

身頃の裏のひも通しはこんなふう。表地のリネンを使うと厚みが出すぎるので、同色の薄手のコットンをつけている。

肩の部分。前身頃と後ろ身頃を肩で重ね合わせて袖をつける。肩口が動くので、ファスナーなしでも脱ぎ着ができるように。

インスタグラムをのぞくと、ソーイングファンの皆さんが作った、
過去の『ソーイングナチュリラ』や、本書でレシピを紹介している作品がズラリ。
その一部を紹介します。

「シャツパーカ」
@miho_sni さん

自分用や友達用で何着も作ったほどお気に入り。写真は製作第1号で「春夏用のパーカがほしくて」縫ったもの。ボタンをつけて襟高に。13ページ掲載作品。

「テーパードパンツ」
@jirochima さん

生地がえでリピートしているパターン。「ネットで見た赤いニットとグレンチェックのコーデが頭から離れなくて」、縫ったそう。23ページ掲載作品。

「バタフライスリーブのブラウス」
@quiltknitstitchcats さん

「縫い代がジグザグ処理なので、裁断後の仕立てはあっという間でした」。フロントタックの飾りボタンがポイントになっている。11ページ掲載作品。

「スタンドカラーのシャツ」
@nonbiri_ussii さん

「久しぶりのミシンで、ちょっと悩む箇所があった」けれど、フォロワーも絶賛の素敵なシャツが完成！ 生地は家にあったストック。8ページ掲載作品。

「カシュクールワンピース」
@ma.home__ さん

人生初のカシュクールは、「ギャザーを作るのは苦手だけれど、ていねいに時間をかけたらうまくいって大満足」の仕上がりに。43ページ掲載作品。

「サロペットパンツ」
@yhskyo7406 さん

「娘にサロペットを作ってから、自分も着てみたくなって」パターンを探し、『コットンタイム』を見ながら縫ったのだそう。22ページ掲載作品。

「イージーパンツ」
@wakaemon7 さん

「ひもで腰をゆるく結ぶパンツをダンディ感のあるウールで作ったらどうなるか、実験的に作った」。余った生地でベストも作製。18ページ掲載作品。

「ギャザー切り替えワンピース」
@benico126 さん

『ソーイングナチュリラ』vol.7掲載の人気パターン（作者：大川友美）。「黒のワンピースを探したけど、気に入ったものが見つからず」、自分で作った。

「スタンドカラーのロングシャツ」
@t.m.k.mama さん

『スタンドカラーのシャツ』の丈を伸ばしたアレンジ。前後のギャザーを増やし、「羽織ったとき、ひもを後ろで結べるように、糸ループもつけた」。

BASIC LESSON

せっかく手作りするのだから、作る過程も楽しみながらきれいに仕上げたいもの。
そこで、型紙づくりから裁断、縫製までウェアづくりに役立つ基本的なコツを集めました。
基礎をきちんと覚えることで、作業がぐっとスムーズになりますよ。

そろえておきたい道具

※商品はすべてクロバー

あれもこれもとそろえる必要はないけれど、
使いやすく考えられた道具はやっぱり優秀。
面倒な作業のストレスを軽くしてくれます。

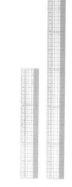

ウエイト

型紙を写すときにずれないように
置く。袖ぐりなどのカーブに沿う
形で使いやすい。「ファブリック
ウェイト」（2個入り）

チャコペン

鉛筆タイプやマーカーなど好みで
選んで。左から「水性チャコペン」
細・太、「チャコペル水溶性3本
セット」専用削り器付

裁ちばさみ

布を裁つ専用のはさみ。24〜26
cmが安定感がありおすすめ。ほど
よい重さで作業しやすい。「布切
はさみ「ブラック」24cm」

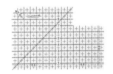

ハトロン紙

ロールタイプなので無駄な
く使え、折り目がないので
きれいに描ける。「ハトロ
ン紙〈ロールタイプ〉」幅
60×長さ700cm巻き

定規

方眼が入っているものがだ
んぜん便利。濃い色の上で
も目盛りが読みやすい。「方
眼定規」30cm、50cm

カットワークはさみ

ほつれた糸を整えたり、切り込み
を入れて目印にするときにも。刃
先が鋭利で切れ味がよい。「カッ
トワークはさみ115」

目打ち

印をつけたり、角を整えたり、縫
い目をほどいたりとあらゆる場面
で使う。これは持ち手が太く、力
を入れやすい。「N目打」

アイロン定規

裾上げや三つ折りなど、幅を測り
ながらアイロンがかけられる便利
グッズ。布がすべらない素材でで
きている。「アイロン定規」

布に適した縫い糸と針の選び方

糸と針は、布の厚みに合った太さを選びましょう。
布との相性がよければ、縫いやすく、縫い目も均一にきれいに仕上がります。　※商品はすべてフジックス

薄地用

ローン、オーガンジー、ジョーゼット、サテン、
シルクなどの薄くてデリケートな生地には90番の
ミシン糸を。ミシン針は7〜9号。「シャッペス
パンミシン糸」90番300m　常備200色

普通地用

ブロードやシーチング、ダンガリー、シャンブレ
ーなどの普通地には60番のミシン糸を。ミシン針
は9〜14号。「シャッペスパンミシン糸」60番
200m　常備300色　※グラデーションカラー6色

厚地用

10オンス以上のデニムや帆布、コーデュロイ、フ
ラノなど、厚手でしっかりした生地には30番のミ
シン糸を。ミシン針は14〜16号。「シャッペスパ
ンミシン糸」30番100m　常備200色

デニム用

布の厚みに負けない強さのジーンズス
テッチ糸。ジーンズ以外の厚手生地全
般に使え、レザーや合皮にも使える。
ミシン針は14号。「ジーンズステッチ
糸」20番150m　常備31色

ニット用

ニット生地やストレッチ素材を普通糸
で縫うと切れてしまうので、伸縮性の
あるニット用を。ミシン針はニット用
ミシン針11〜14号。「レジロン」50番
300m　常備161色

まつり縫い

なめらかで弾力性に富んだ絹の特性を
生かした手縫い糸。布地を傷めずよく
なじむため、裾上げに使うと自然な仕
上がりに。「タイヤー絹手縫い糸」9
号40m　常備171色

ボタンつけ

強度の高いボタン専用糸は、摩擦に強
くボタンがとれにくい。30番は薄地に、
20番は普通地、厚地のボタンつけに。「ハ
イ・スパンボタンつけ糸」30番40m、20
番30m　各常備100色

型紙の記号について

型紙に描かれた記号には、それぞれ意味があります。
正しく理解しておくと、その後の作業のミスを防ぐことができます。

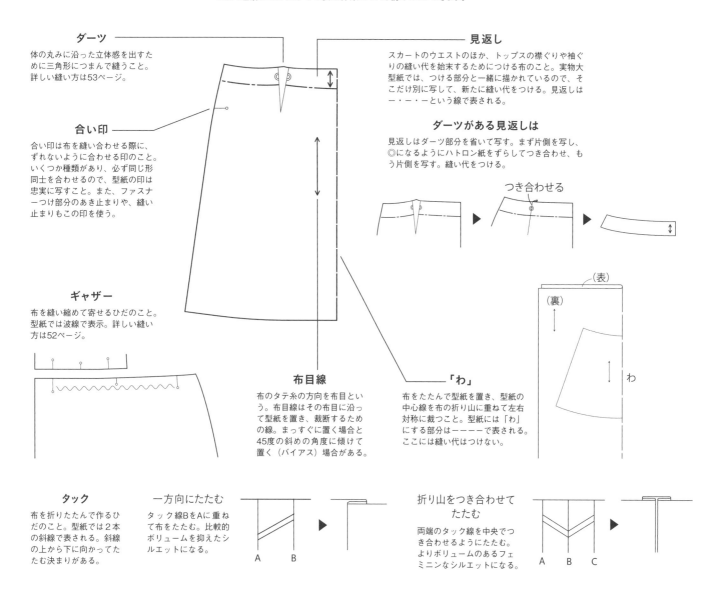

ダーツ

体の丸みに沿った立体感を出すために三角形につまんで縫うこと。詳しい縫い方は53ページ。

合い印

合い印は布を縫い合わせる際に、ずれないように合わせる印のこと。いくつか種類があり、必ず同じ形同士を合わせるので、型紙の印は忠実に写すこと。また、ファスナーつけ部分のあき止まりや、縫い止まりもこの印を使う。

ギャザー

布を縫い縮めて寄せるひだのこと。型紙では波線で表示。詳しい縫い方は52ページ。

見返し

スカートのウエストのほか、トップスの襟ぐりや袖ぐりの縫い代を始末するためにつける布のこと。実物大型紙では、つける部分と一緒に描かれているので、そこだけ別に写して、新たに縫い代をつける。見返しは—・—・—という線で表される。

ダーツがある見返しは

見返しはダーツ部分を省いて写す。まず片側を写し、◎になるようにハトロン紙をずらしてつき合わせ、もう片側を写す。縫い代をつける。

つき合わせる

布目線

布のタテ糸の方向を布目という。布目線はその布目に沿って型紙を置き、裁断するための線。まっすぐに置く場合と45度の斜めの角度に傾けて置く（バイアス）場合がある。

「わ」

布をたたんで型紙を置き、型紙の中心線を布の折り山に重ねて左右対称に裁つこと。型紙には「わ」にする部分は————で表される。ここには縫い代はつけない。

タック

布を折りたたんで作るひだのこと。型紙では2本の斜線で表される。斜線の上から下に向かってたたむ決まりがある。

一方向にたたむ

タック線BをAに重ねて布をたたむ。比較的ボリュームを抑えたシルエットになる。

A　B

折り山をつき合わせてたたむ

両端のタック線を中央でつき合わせるようにたたむ。よりボリュームのあるフェミニンなシルエットになる。

A　B　C

実物大型紙の使い方

型紙づくりから裁断にかけての作業は、ウェアづくりの中で最も重要。
この過程をきっちり作れば、仕上がりは断然きれいになります。

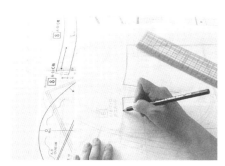

1 ハトロン紙に写し取る。実物大型紙の上にハトロン紙のザラザラした面を上にして重ね、鉛筆で写し取る。合い印、布目線、タックなどの印も写す。本誌の実物大型紙は複数の線が交差しているので、あらかじめ蛍光ペンなどでなぞっておくとよい。

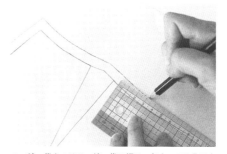

2 縫い代をつける。縫い代の幅は、各ウェアの作り方ページに指定されている通りに。写真のように方眼定規をあてながら引くとラク。曲線部分は定規をずらしながら細かく点を打ち、線でつなぐ。

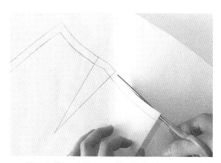

3 紙切りばさみを使って、縫い代線で切り取る。直線、曲線ともにていねいにカットすること。

布を裁断する

布がずれないようにウエイトで固定してから裁つこと。
裁つ前にあらかじめ布に型紙を配置して、布が足りるか確認すると安心です。

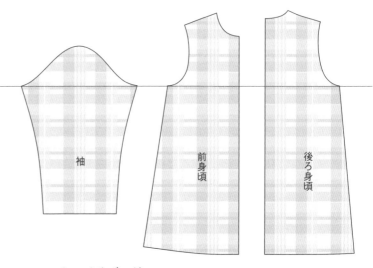

基本の置き方

無地や細かい柄など上下の区別のない布は、図のように置くのが最も無駄がない。型紙の大きさや布幅によって、布を二つ折りにして裁つのが難しそうな場合や無駄が多く出そうな場合は1枚ずつ裁つ。その場合は1枚は型紙を裏にして左右対称にすること。

上下のある柄布

基本の裁ち方だと、片方の柄が逆さになってしまうので、上下そろえて裁つ。そのため布を多めに用意する。ウールやコーデュロイなど、毛並みの方向がある布は、向きによって色が異なって見えるため、同様の配慮が必要。

チェックやボーダー

適当に裁つと身頃の左右や脇で柄がずれるので「柄合わせ」が必要。基本は横の線をきちんと合わせられればOK。図のように身頃袖下を基準に柄をそろえて裁つ。布を「わ」にするときは柄がずれないように、途中でまち針でとめながら折るとよい。

1 布の上に型紙を置き、ウエイトで固定。型紙の周囲をチャコペンでなぞる。直線部分は定規を使うとよい。

2 ダーツや合い印なども忘れずに書き込む。切り抜いたときになくなってしまわないよう、アウトラインの内側まで引く。

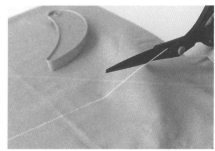

3 型紙をはずし、チャコペンの線どおりに裁断。直線部分は刃の中央を使って大きくはさみを動かし、曲線や細かい部分は刃先で小刻みにカット。

印をつける

合い印、ダーツやギャザー止まりなど、型紙に写した情報はもれなく布に写します。
写し忘れがないかあとでしっかり確認して。

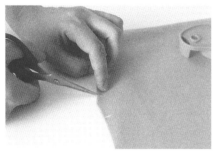

1 印の部分ははさみの先で、ほんの0.2cmほど切り込み
を入れて目印にする。これをノッチという。

2 ダーツの頂点やポケットのつけ位置など、布端でな
い場所の印つけは再び型紙を置き、目打ちで穴をあ
ける。時間がたつと穴は元に戻る。

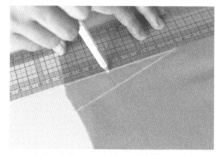

3 目打ちの穴とノッチを結んで線を引く。「わ」にし
たり、2枚同時に裁断した場合は裏側も同様に線を
引く。

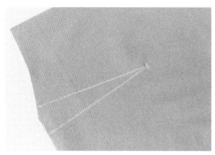

4 ダーツの頂点は、わかりやすいように写真のように
マークしておく。

接着芯を貼る

布の補強やきれいなシルエットをつくるために欠かせないのが接着芯。
ボトムのヨークや見返しなどに、薄手のものを使います。

接着芯を貼る

1 貼る部分の型紙を使って接着芯を表布と同じ形に裁
つ。ザラザラしている側に糊がついているので、表
裏を間違えないように注意。

2 糊のついた面と布の裏を合わせて重ね、中温のアイ
ロンで接着する。アイロンはすべらさず、持ち上げ
て移動させながら10秒以上押しあてる。

伸び止めテープを貼る

接着芯同様、アイロンを押しあてて接着する。カーブ部
分は沿わせるようにしながらていねいに接着していく。

接着芯

布の厚みや性質に合わせて薄手タイプ、
もしくは厚手タイプなどを選ぶ。薄手
タイプの接着芯は、応用範囲が広い。
色も、白や黒があるので、布の色味の
濃い・薄いによって使い分けると、目
立たないのでおすすめ。

伸び止めテープ

幅のサイズがいくつかあるので、作
り方ページの指定どおりに用意して。
「伸び止めテープ　白」。左が10mm幅、
右が15mm幅。いずれも25m巻きで、
表地にひびかないニットタイプ。／
クロバー

縫うときの注意点

縫製のコツはひとつの作業ごとに縫い代や折り目をアイロンで整えること。
アイロンを使えば使うほど仕上がりがきれいになります。

返し縫い

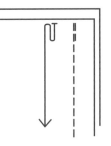

縫い目がほつれてこないように、縫い始めと縫い終わりは必ず数回重ねて縫います（返し縫い）。重ねる部分は2〜3針で十分。あまり長く返し縫いをすると、縫い目がずれやすく、また布を傷めてしまうこともあります。

縫い代の始末

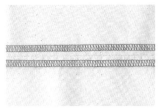

縫い代を割る

ロックもしくはジグザグミシンをかけたあとに縫い合わせ、縫い代にアイロンをかけて開くこと。厚みが出ないので縫い代がゴロゴロせず、すっきりした仕上がりになる。

縫い代を倒す

最初に布を縫い合わせ、次に2枚一緒にロックまたはジグザグミシンをかけて片側に倒す。厚みはあるが丈夫に仕上がる。さらに表からステッチをかけると強度が増す。

布端の始末

  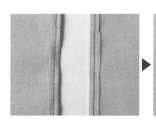

ロックミシン

端かがり専用のミシンのこと。メス（刃）がついており、布をカットしながらかがっていくのできれいに仕上がる。

ジグザグミシン

家庭用ミシンについている機能のひとつ。ロックミシンほど細かく縫えないがほつれ止めには十分。飾り縫いなどにも使える。

端ミシン

ロックもジグザグもない場合の方法。それぞれの布端を0.5cm折ってミシンをかけ、中表に合わせて本縫いをする。この場合は縫い代を指示より0.5cm多くつける。

ギャザーを寄せる

布を縫い縮めて寄せるひだのこと。
立体感が出て、体のラインを目立たせず、女性らしい華やかなシルエットがつくれます。

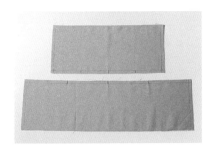 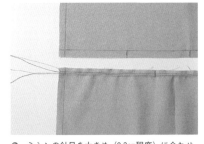 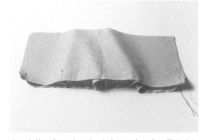

1 布を裁ち、合い印をつける。

2 ミシンの針目を大きめ（0.3cm程度）に合わせ、仕上がり線から0.2〜0.3cm外側の縫い代を2本縫う。下糸はぐっと引っぱっても切れないよう30番の太い糸にかえるとよい。

3 本体の布とギャザーを寄せる布の合い印をそれぞれ合わせてまち針で固定する。

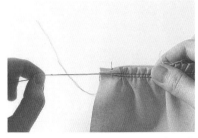 

表　　　　裏

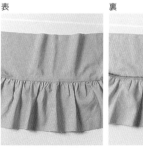

4 2でかけた2本のギャザーミシンの下糸を一緒に引っぱり、本体布と同じ寸法になるまで縮める。縮めた下糸は2本一緒に結んでおくとよい。

5 縮めたところ。ギャザーが均等になるように目打ちで整え、2枚一緒に仕上がり線で本縫いをし、ロックまたはジグザグミシンで布端を始末する。

6 縫い代を上に倒し、アイロンをかける。本体布のきわに表からステッチをかけるとギャザーが落ち着く。

ダーツを縫う

体の丸みに沿わせたシルエットをつくるためのもの。
ウエストダーツ、胸ダーツなどがあり、比較的タイトめのウェアに用いられます。

1 布を中表にしてダーツの縫い線を合わせ、まち針でとめておく。縫い始めは返し縫いをし、印のとおりに縫う。縫い終わりは返し縫いをせず、糸を長めに残して切る。

2 残しておいた糸を、2本一緒にかた結びにする。

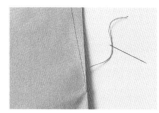

3 糸を針に通し、ダーツの折りたたまれた部分にくぐらせて出す。表から糸が見えていないかどうか確認して。

4 布のきわで糸をカットする。

ホックをつける

スプリングホックはコンシールファスナーの上端など、つき合わせになった部分につけるホックのこと。対して、かぎホックは持ち出しをつけて重なった部分につけるホックです。

スプリングホック

つけるところの裏面の位置にスプリングホックを置き、穴かがりの要領で糸をかけて縫いつける。かがり方は下のイラストを参考に。

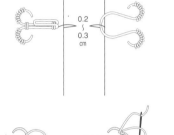

0.2
〜
0.3
cm

かぎホック

ウエストベルトなどの裏面の位置にかぎホックを置き、スプリングホック同様、穴かがりの要領で糸をかけて縫いつける。

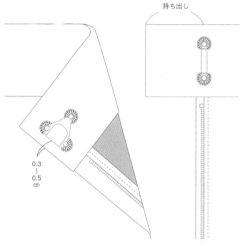

持ち出し

0.3
〜
0.5
cm

裾の始末

スカート、パンツ、トップスなどの裾は、使う布などによって始末の方法を変えています。
理由を知るとアレンジのときに役立ちます。

ロックして二つ折り

ロックまたはジグザグミシンをかけて1回折り、ステッチをかける。三つ折りより厚みが出ないので、厚手の生地に向いている。

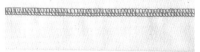

三つ折り

2回折って、きわにステッチをかける。ロックまたはジグザグミシンが不要なうえ、布端が中に隠れるので洗濯に強く丈夫に仕上がる。

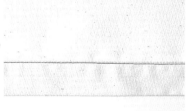

奥まつり

ミシンステッチを表に出したくない場合の始末。ロックまたはジグザグミシンをかけて1回折り、表に糸が見えないように布の織り糸を1〜2本すくってまつる。詳しい縫い方は右のイラスト参照。

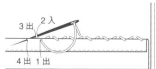

3出　2入

4出　1出

コンシールファスナーをつける

コンシールファスナーとは、ムシや縫い目が表に出ないようにつけられるファスナーのこと。スカートの脇やワンピースの背中などに。

きれいにつけるには、専用の押さえ金「コンシール押さえ」が必要です。ミシンの機種に合ったものを用意して。

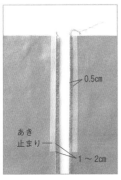

1 ファスナーつけ位置に伸び止めの接着テープを貼り、ロックミシンまたはジグザグミシンで端の始末をしておく。

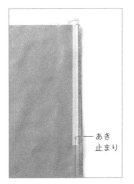

2 布を中表に合わせ、あき止まりまで縫い合わせる。縫い終わりは必ず返し縫いをする。

3 ミシンの針目を大きく設定し（0.3〜0.4cm）、上からあき止まりまでを縫う。

4 アイロンで縫い代を割り、ファスナーを裏にして置く。ファスナーの中心が縫い目にぴったり合うようにする。

5 縫い代部分とファスナーをしつけ縫いする。あくまで縫いつけるのは縫い代の部分のみ。本体まで縫わないように注意して。

6 同様にもう片方もしつけ縫いをする。

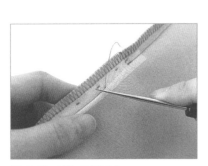

7 3で縫った縫い目をほどく。

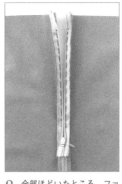

8 全部ほどいたところ。ファスナーの引き手は開けられるところまで下げておく。

9 コンシール押さえの溝にファスナーのムシがはまるようにセットして縫う。

10 あき止まりまで縫う。

11 同様にもう片方もあき止まりまで縫う。

12 ファスナーの引き手を表に出す。

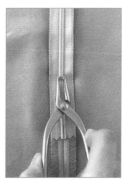

13 下どめの金具をあき止まりまで動かし、ペンチで締めて固定する。

14 できあがり。表は引き手しか見えないすっきりとした仕上がりに。

きれいに仕立てるコツ**Q&A**

Q1
裾の折り上げ。きちんと測って印をつけ、
ていねいに折り上げたはずなのに
いつのまにか曲がってしまいます。

A コツは「手早く」行うことです

布は手で触れば触るほど、手から伝わる湿気や体温でゆがみやすくなるもの。この場合も何度もクセづけをしているうちに布のほうがゆがんでしまったと考えられます。そこでアイロン定規がおすすめ。縫い代の幅を測りつつ、同時にアイロンがかけられるので正確に手早くでき、布への負担も軽くなります。

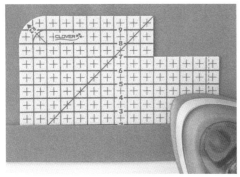

「アイロン定規」／クロバー

Q2
ひも作りは大変だし、
あまりきれいに作れません。

A 専用の道具を活用して

ウエストに巻くひもや、襟ぐりなどの始末に使うバイアステープなど、ひも作りはウェアづくりで欠かせない作業のひとつ。作り方そのものは簡単なのですが、長いものだと結構大変です。頻繁に出てくる作業なので、専用の道具を揃えておくのも手。面倒なひも作りも、ストレスなくスピーディになります。

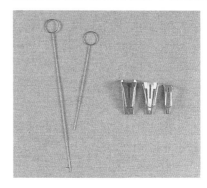

左／「ループ返し」長・短2本セット：中表に縫った細長いひもを表に返すときに。右／「テープメーカー」：バイアスに裁った布を通し、アイロンをあてるだけでバイアステープが作れる。写真は6・12・18mm。（すべてクロバー）

Q3
縫い上がった服、
なんだか
ゆがんでいるみたい…。

A 裁断前に地直しをしましょう

買ったばかりの布はタテ糸とヨコ糸が直角に交わらず、斜めにゆがんでいることがあります。そのまま裁って仕上げると、時間がたつにつれて服のシルエットがくずれたり、左右がアンバランスになってしまうことも。これを防ぐためにあらかじめ水に通して整えておくことを地直しといいます。麻などの縮みやすい素材は水通しをすることで縫製後の縮みを防ぐことができます。

地直しのやり方

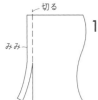

1 布端にあるみみを
切り落とす。

▶

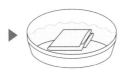

2 布を水に浸して脱水し、陰干しをして生乾きにする。または霧吹きでまんべんなく布を湿らせる。

▶

3 タテ糸とヨコ糸が直角に交わるように角を引っぱる。布目を整えるようにして縦、横方向にアイロンをかける。防縮加工がされている綿や麻などは、水通しせず、スチームアイロンをかけるだけでもOK。

Q4 丈を短くしたいのですが、型紙をそのまま切ってもいい？

A デザインによって2種類の方法があります

方法その❶

平行に伸ばすorカットする

裾のできあがり線から伸ばす（カットする）寸法を方眼定規で測りながら、平行な線を新たに引く方法。ワンピース、ストレートパンツ、シャツの袖は基本的にはこの方法でできる。引き直したあと、新たに縫い代をつけることを忘れずに。

身頃やスカート

端が少しカーブしているものが多いので、カーブ部分は伸ばす（カットする）位置で細かく点を打ってから線でつなぐ。

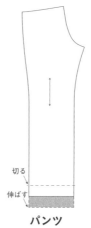

パンツ

ストレートパンツの場合、裾線はまっすぐなので、比較的大きな幅での調節も可能。裾が大きくひろがっていたり、すぼまっていたりする場合はデザインが変わるのでこの方法は避けて。

袖

袖下から袖口までがまっすぐなものや、袖口寸法が多少変わっても大丈夫な袖はこの方法でOK。カフスがついたものはこの方法ではなく「方法その❷」で。

方法その❷

中心で切り開くorカットする

袖口が細くなっている袖などは「方法その❶」のように平行にカットしてしまうと袖口の寸法が変わってしまい、カフスの寸法と合わなくなってしまいます。この場合は型紙を中心で切り開いて伸ばすか詰めると、袖口寸法を変えずに調節できます。

他も同様に

袖だけでなく、パンツやスカート、身頃も同様に調節できる。パンツやスカートはウエストと裾を2等分する線を引き、同様に伸ばすor詰める。身頃はアームホールの下と裾を2等分する線を引き、伸ばすor詰める。

丈を伸ばす場合

1 図のように袖山の下（だいたいでOK）に袖口の線と平行に線を引き、2等分する。

2 1の線で型紙をカットし、新たに用意した細長いハトロン紙で伸ばしたい寸法分を足す。

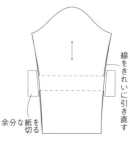

3 伸ばすと袖下の線がずれるので、なめらかな線になるように引き直す。新たに縫い代をつけるのを忘れずに。

丈を詰める場合

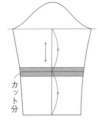

1 図のように袖山の下（だいたいでOK）に袖口の線と平行に線を引き、2等分する。

2 1の線を中心に詰めたい寸法分だけ型紙を裏側に折りたたむ。余った型紙はセロハンテープなどで裏側にとめておく。

3 詰めると袖下の線がずれるので、なめらかな線になるように引き直す。新たに縫い代をつけるのを忘れずに。

HOW TO MAKE

それでは、いよいよ実際に作ってみましょう。
説明をよく読んで、あせらずひとつひとつていねいに進めてください。

サイズについて

この本では、下記の「ヌード寸法」を基に実物大型紙を製作しています。
まずは自分のサイズを測り、下記のサイズ表からいちばん近い型紙を選んでください。
背丈、袖丈はすべて共通です。56ページを参考に、必要に応じて型紙を調節してください。

ヌード寸法(単位はcm)

	バスト	ウエスト	ヒップ	背丈	袖丈
S	- 80	- 61	- 88	39	54
M	80 - 84	61 - 65	88 - 92	39	54
L	84 - 88	65 - 69	92 - 96	39	54
LL	88 - 92	69 - 73	96 - 100	39	54
3L	92 - 96	73 - 77	100 - 104	39	54
SM	- 84	- 65	- 92	39	54
ML	80 - 88	61 - 69	88 - 96	39	54

＊イラスト内の数字の単位はすべてcmです。

ノーカラープルオーバー

PAGE 6
PATTERN C面

できあがりサイズ
Free size バスト132cm、着丈63.5cm

● 材料
［白］
表布…110cm幅×150cm
伸び止め接着テープ…1cm幅×65cm
［ボーダー］
表布（ジャージー）…150cm幅×80cm
伸び止め接着テープ…1cm幅×65cm
ニット用ミシン糸、ニット用ミシン針

● 型紙の作り方と裁断のポイント
前、後ろ身頃は襟ぐり以外、同型です。実物大型
紙は前後が重なっているので、前身頃は前襟ぐり
線を、後ろ身頃は後ろ襟ぐり線を写してそれぞれ
の型紙を作ります。
白の木綿地は肩線をつき合わせ、前後身頃を続け
て1枚で裁ちます。襟ぐりの始末に使うバイアス
布は、型紙がありませんので、図に示した寸法で
バイアスに裁ちます。
ボーダーのジャージーは布幅が150cmです。白の
ように肩で前後を続けると布の無駄が多いので、
肩を縫い目にして裁ちます。襟ぐりの始末に使う
テープは、裁ち合わせ図に示した寸法で裁ちます
が、伸縮性のある布なので、横地で裁断します。

● 白の作り方順序
＊伸び止めのために前、後ろ身頃の襟ぐりの縫い
代に接着テープを貼る。
＊袖口、裾の縫い代端にジグザグミシンをかけて
おく。
1 襟ぐりを縫う。襟ぐりにバイアス布を中表に合
わせて縫う。バイアス布のはぎ目は、左肩から2
cmくらい後ろ寄りにする。縫い代をカットしてカ
ーブに切り込みを入れる。表に返して、ステッチ
をかける。→*1
2 身頃を肩から中表に二つ折りにし、両袖口の縫
い代をアイロンで折って縫う。
3 脇を縫い合わせる。縫い代は端を2枚一緒にジ
グザグミシンで始末して後ろ側に倒し、袖口部分
をステッチで押さえる。→*3
4 裾の縫い代を二つ折りにして縫う。

● ボーダーの作り方順序
＊伸び止めのために前、後ろ身頃の襟ぐりの縫い
代に接着テープを貼る。
＊ほつれにくい布地なので、縫い代は裁ち端のま
ま。布端がほつれる布の場合は、白の木綿地と同
様にジグザグミシンで始末する。
1 肩を縫い合わせる。縫い代は2枚一緒に捨てミ
シンをかけ（→*3）、後ろ側に倒す。
2 襟ぐりを縫う。襟ぐりにテープ布を中表に合わ
せて縫い、表に返してステッチを2本かける。
→*1
3 袖口の縫い代をアイロンで折り、ステッチを2
本かける。
4 身頃を肩から中表に二つ折りにし、両脇を縫い
合わせる。縫い代は2枚一緒に捨てミシンをかけ、
後ろ側に倒す。袖口部分はステッチで押さえる。
→*3
5 裾の縫い代を二つ折りにして、ステッチを2本
かける。

● 裁ち合わせ図 ＊指定以外の縫い代は1cm

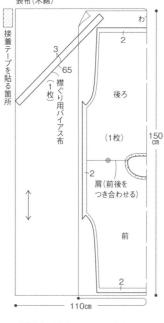

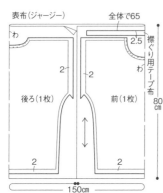

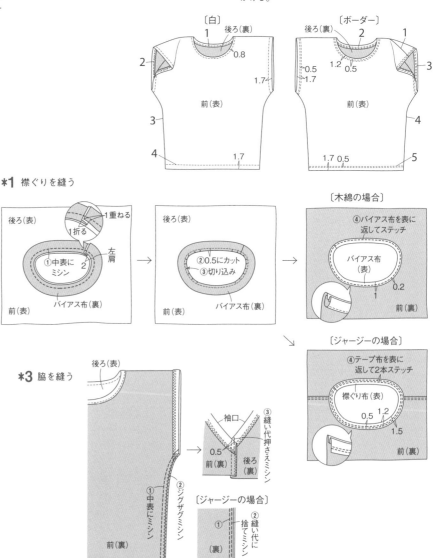

夏のポンチョ

PAGE 7
PATTERN C面

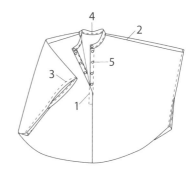

● 材料
表布(ニット生地)…150cm幅×150cm
スナップ…6組

● 裁断のポイント
後ろ身頃と襟は中心をわにして裁ちます。

● 作り方順序
1 前あきを作る。→*1
2 肩を縫い、縫い代は2枚一緒に
捨てミシンをかけて後ろ側に倒す。
3 袖下と袖口を縫う。→*3
4 襟をつける。→*4
5 スナップをつける。

● 裁ち合わせ図
＊指定以外の縫い代は1cm

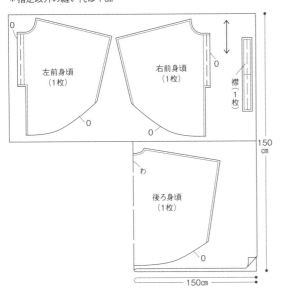

*1 前あきを作る

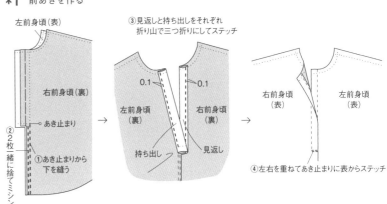

*3 袖下と袖口を縫う

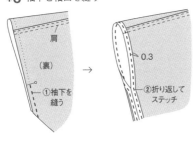

*4 襟をつける

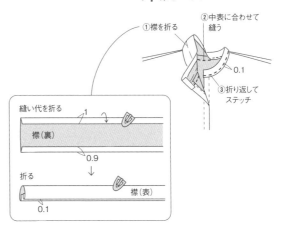

スタンドカラーのシャツ

PAGE 8
PATTERN D面

● **材料**
表布…112cm幅×210cm
ボタン…直径1.2cmを11個

● **型紙の使い方**
袖口あきパイピング布は、下図の寸法で裁ち切りに
(型紙なし)。

● **作り方順序**
1 前端を整える。→*1
2 前身頃の切り替え線にギャザーを寄せ、後ろ
身頃と縫い合わせる。→*2
3 襟を作り、襟側のN.Pと身頃側のN.Pを合わせ
て縫う。→*3
4 脇を縫う。縫い代は2枚一緒にジグザグミシン
をかけて、後ろ側に倒す。
5 裾を三つ折りにしてステッチをかける。
6 袖を作る。→*6
7 身頃袖ぐりに袖を中表に合わせ、袖をつける。
縫い代は2枚一緒にジグザグミシンをかける。
→*7
8 ミシンについているボタンホール機能を利用し
て、ボタンホールを縦に作り、ボタンをつける。

※首まわりと肩線の交点をネックポイント(N.P)
という。これを襟つけの合い印に使う。

● **裁ち合わせ図**
＊指定以外の縫い代は1cm

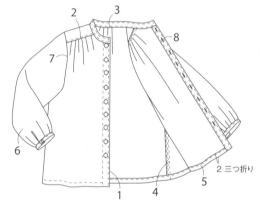

*1 前端を整える

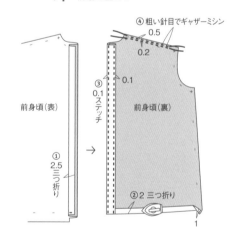

＊2 前身頃の切り替え線にギャザーを寄せ、後ろ身頃と縫い合わせる

＊3 襟を作ってつける

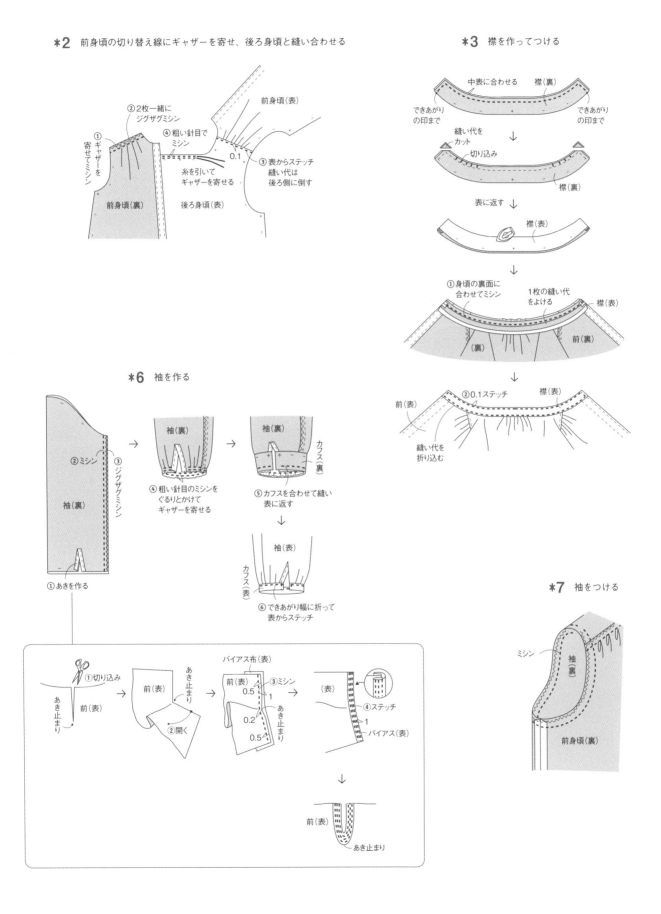

①ギャザーを寄せてミシン

②2枚一緒にジグザグミシン

④粗い針目でミシン

前身頃（表）

0.1

③表からステッチ 縫い代は後ろ側に倒す

糸を引いてギャザーを寄せる

前身頃（裏）

後ろ身頃（表）

中表に合わせる 襟（裏）

できあがりの印まで できあがりの印まで

縫い代をカット

切り込み

襟（裏）

表に返す ↓

襟（表）

↓

①身頃の裏面に合わせてミシン 1枚の縫い代をよける 襟（表）

（裏）

前（裏）

↓

②0.1ステッチ 襟（表）

前（表）

縫い代を折り込む

＊6 袖を作る

②ミシン

③ジグザグミシン

袖（裏）

①あきを作る

袖（裏）

④粗い針目のミシンをぐるりとかけてギャザーを寄せる

袖（裏）

カフス（裏）

⑤カフスを合わせて縫い表に返す

↓

袖（表）

カフス（裏）

カフス（表）

⑥できあがり幅に折って表からステッチ

①切り込み

あき止まり 前（表）

前（表）

②開く あき止まり

バイアス布（表）

前（表）

0.5

1

0.2

0.5

③ミシン

あき止まり

（表）

④ステッチ

1

バイアス（表）

↓

前（表）

あき止まり

＊7 袖をつける

ミシン

袖（裏）

前身頃（裏）

▌リボンタイのプルオーバー

PAGE　9
PATTERN　C面

できあがりサイズ
S〜3L　着丈約65cm、袖丈約65cm

● 材料
表布…110cm幅×190cm
接着テープ…1cm幅×90cm

● 裁断のポイント
布を効率よく使うために、後ろ身頃の型紙を逆さに配置して裁断します。

● 作り方順序
＊襟ぐりの縫い代裏面に接着テープを貼る。

1 前襟ぐりの縫い代を三つ折りにして縫い、前中心の縫い代端にジグザグミシンをかける。
2 前中心を中表に縫い合わせて縫い代を割り、襟ぐりのVの部分に補強のステッチをかける。→＊2
3 前身頃と後ろ身頃を中表に合わせて肩を縫い、縫い代端に2枚一緒にジグザグミシンをかけて後ろ側に倒す。
4 身頃の袖ぐりに袖を中表に合わせて縫う。縫い代は端を2枚一緒にジグザグミシンをかけ、身頃側に倒す。
5 前・後ろ身頃を中表に合わせ、袖下から脇を続けて縫う。縫い代端に2枚一緒にジグザグミシンをかけて後ろ側に倒す。→＊5
6 袖口の始末をする。縫い代を三つ折りにして縫う。
7 裾の始末をする。縫い代を三つ折りにして縫う。
8 リボンタイを中表に二つ折りにし、後ろ襟ぐりつけ位置を残して縫い、表に返す。→＊8
9 後ろ身頃の襟ぐりにリボンタイをつける。→＊9

● 裁ち合わせ図
＊指定以外の縫い代は1cm

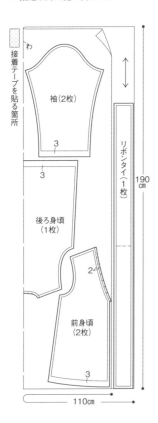

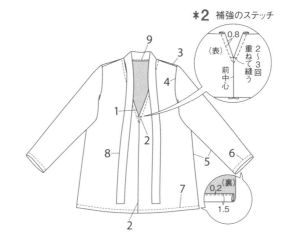

＊5 袖下から脇を縫う

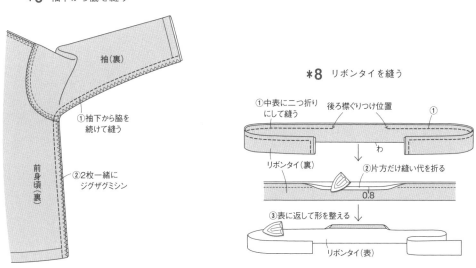

袖（裏）

①袖下から脇を
続けて縫う

前身頃（裏）

②2枚一緒に
ジグザグミシン

＊8 リボンタイを縫う

①中表に二つ折り
にして縫う

後ろ襟ぐりつけ位置

①

リボンタイ（裏）

わ

②片方だけ縫い代を折る

0.8

③表に返して形を整える

リボンタイ（表）

＊9 リボンタイをつける

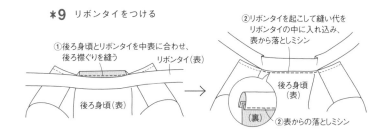

①後ろ身頃とリボンタイを中表に合わせ、
後ろ襟ぐりを縫う

リボンタイ（表）

後ろ身頃（表）

②リボンタイを起こして縫い代を
リボンタイの中に入れ込み、
表から落としミシン

後ろ身頃
（表）

（裏）

②表からの落としミシン

ノースリーブのブラウス

PAGE 10
PATTERN B面

<table>
<tr><td colspan="2">できあがりサイズ</td></tr>
<tr><td>S</td><td>バスト88cm、着丈51cm</td></tr>
<tr><td>M</td><td>バスト92cm、着丈51cm</td></tr>
<tr><td>L</td><td>バスト96cm、着丈51cm</td></tr>
</table>

● 材料
表布…114cm幅×130cm

● 型紙の使い方
前身頃は型紙をA中心線で折って使います。袖ぐり用、襟ぐり用のバイアス布は下図の寸法で裁ち切りにします（型紙なし）。フリルA、Bは、それぞれの幅でバイアスにとり、全部で各200cmになるように裁ちます。

● 裁ち合わせ図
＊指定以外の縫い代は1cm

● 作り方順序
1 左の肩を縫う。縫い代は2枚一緒にジグザグミシンをかけ、後ろ側に倒す。
2 襟ぐりをバイアス布で始末する。→＊2
3 右の肩を縫う。縫い代は2枚一緒にジグザグミシンをかけ、後ろ側に倒す。
4 袖ぐりをバイアス布で始末する。
5 フリルを作り、襟ぐりにつける。→＊5
6 身頃の脇を縫う。縫い代は2枚一緒にジグザグミシンをかけ、後ろ側に倒す。
7 裾を三つ折りにしてステッチをかける。

＊2 襟ぐりをバイアス布で始末する

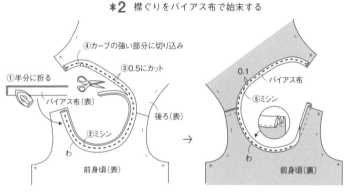

＊5 フリルを作り、襟ぐりにつける

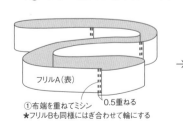

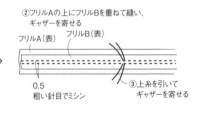

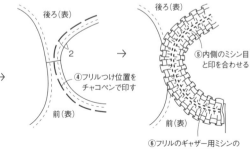

▌バタフライスリーブのブラウス

PAGE　11
PATTERN　B面

できあがりサイズ
S　バスト88cm、着丈51cm、袖丈29cm
M　バスト92cm、着丈51cm、袖丈29cm
L　バスト96cm、着丈51cm、袖丈29cm

● **材料**
114cm幅×140cm

● **型紙の使い方**
前身頃は、タック分の入ったB中心線を使います。後ろ身頃、袖をそれぞれ裁ちます。襟ぐり用バイアス布を下図の寸法で裁ち切りにします（型紙なし）。

● **作り方順序**
1　両肩を縫う。縫い代は2枚一緒にジグザグミシンをかけ、後ろ側に倒す。
2　前中心のタックをたたみ、襟ぐりをバイアス布で始末する。（→P64*2参照）
3　身頃の脇を縫う。縫い代は2枚一緒にジグザグミシンで始末する。
4　裾を三つ折りにしてステッチをかける。
5　袖を作る。→*5
6　身頃と袖を中表に合わせ、袖をつける。縫い代は2枚一緒にジグザグミシンで始末する。

● **裁ち合わせ図**
＊指定以外の縫い代は1cm

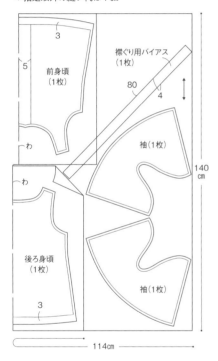

＊5 袖を作る

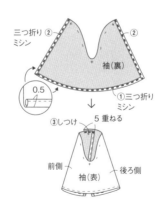

ラグランスリーブのプルオーバー

PAGE 12
PATTERN A面

● できあがりサイズ
S　バスト110cm、着丈58cm、袖丈（襟ぐりから）36.5cm
M　バスト114cm、着丈58cm、袖丈（襟ぐりから）36.5cm
L　バスト118cm、着丈58cm、袖丈（襟ぐりから）36.5cm

● 材料
表布…112cm幅×180cm
ゴムテープ…0.8cm幅×210cm

● 型紙の使い方
前・後ろ身頃は中心をわにして裁ちます。襟ぐり布を下図の寸法で1枚裁ちます（型紙なし）。

● 作り方順序
1 脇を縫う。縫い代は2枚一緒にジグザグミシンをかけ、後ろ側に倒す。
2 裾を三つ折りにしてステッチをかける。
3 袖下を縫う。縫い代は2枚一緒にジグザグミシンをかけ、後ろ側に倒す。
4 袖口を三つ折りにしてステッチをかける。ステッチをかけるときに、ゴム通し口を作っておく。
5 身頃と袖を中表に合わせてラグラン線を縫う。縫い代は2枚一緒にジグザグミシンをかける。
→*5

6 襟ぐり布を作る。→*6
7 襟ぐり布を身頃につける。まず身頃の襟ぐりに、襟ぐり布を中表に合わせて縫う。次に縫い代にジグザグミシンをかけて身頃側に倒し、襟ぐり布を立てて表から端ミシンをかける。
8 襟ぐりにゴムテープを2本通す。ゴムテープの長さは仕上がり70cm。袖口にもゴムテープ（仕上がり25cm）を通す。

※ラグラン線はバイアス（斜め）なので伸びやすい。袖つけのときに引っぱると変形するので要注意。

● 裁ち合わせ図
＊指定以外の縫い代は1cm

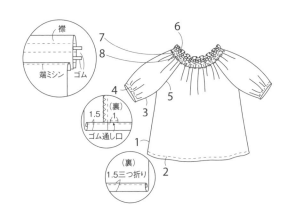

*5　ラグラン線を縫う

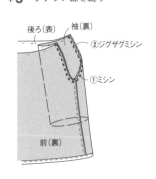

*6　襟ぐり布を縫う

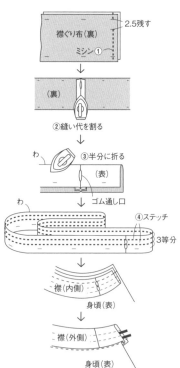

┃シャツパーカ

PAGE 13
PATTERN D面

できあがりサイズ			
S	バスト119cm、	着丈69cm、	袖丈54cm
M	バスト123cm、	着丈69cm、	袖丈54cm
L	バスト127cm、	着丈69cm、	袖丈54cm

● 材料
表布…110cm幅×220cm
コード…直径0.3cmを300cm

● 裁断のポイント
前・後ろ身頃は中心をわにして裁ちます。

● 作り方順序
1 前身頃とフードのコード通し口に、ミシンについているボタンホール機能を利用してボタンホールを作る。
2 前・後ろ身頃を中表に合わせて肩を縫い、縫い代は2枚一緒にジグザグミシンをかけて後ろ側に倒す。
3 袖を身頃につける。→*3
4 袖下から脇を続けて縫う。→*4
5 フードを作って襟ぐりにつける。→*5
6 袖口を三つ折りにしてステッチをかける。
7 裾を三つ折りにしてステッチをかける。
8 フードと裾にコードを通す。

● 裁ち合わせ図
＊指定以外の縫い代は1cm

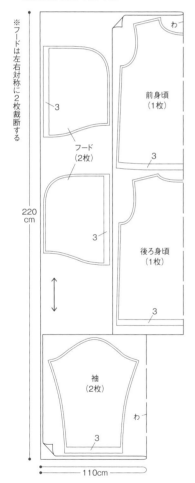

※フードは左右対称に2枚裁断する

フード
（2枚）

前身頃
（1枚）

後ろ身頃
（1枚）

袖
（2枚）

220cm

110cm

わ

*3 袖を身頃につける

後ろ身頃（裏）
②2枚一緒にジグザグミシン
①ミシン
袖（裏）
縫い代は身頃側へ倒す
前身頃（裏）

*4 袖下から脇を続けて縫う

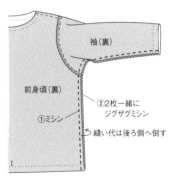

袖（裏）
②2枚一緒にジグザグミシン
①ミシン
前身頃（裏）
縫い代は後ろ側へ倒す

*5 フードを作って襟ぐりにつける

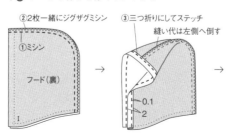

②2枚一緒にジグザグミシン
①ミシン
フード（裏）

③三つ折りにしてステッチ
縫い代は左側へ倒す
0.1
2

④ミシン　⑤2枚一緒にジグザグミシン
フード（裏）
前身頃（表）

イージーパンツ

PAGE 18
PATTERN B面

できあがりサイズ

S	ウエスト90cm、	ヒップ95cm、	股下66cm
M	ウエスト94cm、	ヒップ99cm、	股下66cm
L	ウエスト98cm、	ヒップ103cm、	股下66cm

● **材料**
表布…150cm幅×150cm
ゴムテープ…1cm幅×150cm

● **裁ち合わせ図**
＊指定以外の縫い代は1cm

パンツの表布

3.5

2.5

ひも（1枚）

前ポケット（2枚）

前パンツ（2枚）

4

後ろパンツ（2枚）

4

後ろポケット（1枚）

3

4

150cm

150cm

● **作り方順序**
＊脇、股下、股ぐりの縫い代端にジグザグミシンをかけておく。

1 ポケットをつけたい場合は、ポケットを作ってつける。ポケットの口の縫い代を三つ折りにしてステッチをかけ、外まわりの縫い代を折ってパンツにステッチで縫いとめる。後ろは右後ろに、前は左右につける。
2 前パンツと後ろパンツを中表に合わせ、脇と股下を縫い、縫い代を割る。このとき、左脇のウエスト縫い代は、ゴムテープ通し口として縫い残す。→＊2
3 左右のパンツを中表に合わせて股ぐりを縫う。股ぐりは力のかかるところなので、二度ミシン（同じところに2回ミシンをかけること）をかけておくと丈夫に。→＊3

4 前パンツのウエストに、ミシンについているボタンホール機能を利用して、ボタンホールでひも通し穴を作る。
5 股下の股ぐり位置にステッチをかけて縫い代を押さえる。→＊5
6 ウエストの縫い代を三つ折りにしてステッチを2本かける。
7 ひもを作る。ひもは中表に二つ折りにして1cm幅に縫い、表に返して整える。
8 ウエストのステッチの間にゴムテープを2本通し、上のステッチの間にさらにひもを通す。ゴムテープの長さはウエスト寸法より少しきつめを目安に、試着をして決める。
9 裾の始末をする。裾の縫い代端にジグザグミシンをかけ、折り上げてまつる。カジュアルに仕上げたい場合は、縫い代を三つ折りにしてステッチで押さえる。

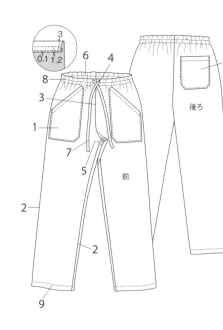

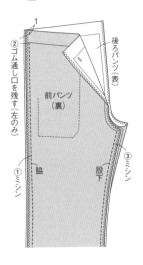

＊2 脇と股下を縫う

＊3 股ぐりを縫う

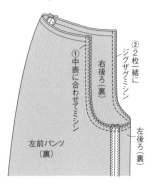

＊5 股下の股ぐりにステッチ

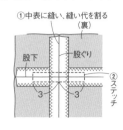

ふんわりパンツ

PAGE　22
PATTERN　A面

● 材料
表布…110cm幅×260cm
ゴムテープ…2.5cm幅×70cm
　　　　　　2cm幅×60cm

● 裁ち合わせ図
＊指定以外の縫い代は1cm

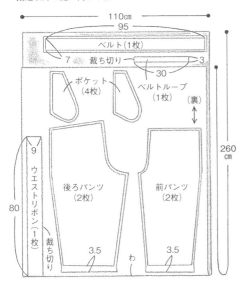

● 作り方順序
*1〜5、7、8は、20〜21ページを参照して作る。

1 ポケットを作る。
2 タックをたたんで脇を縫い合わせる。
3 ポケットをつける。
4 縫い代の始末をする。
5 ポケットのあき止まりにステッチをかける。
6 股下と裾を縫う。→*6
7 股上を縫う
8 ベルトをつけて仕上げる。
9 ベルトループを5つ作り、上下を折ってベルト
部分に縫いつける。→*9
10 ウエストリボンを作り、ベルトループに通す。
→*10

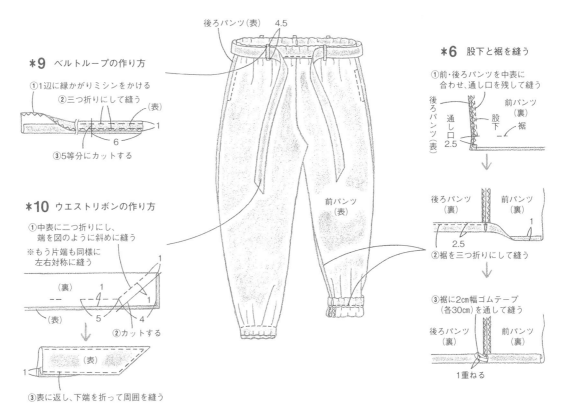

＊9　ベルトループの作り方
①1辺に縁かがりミシンをかける
②三つ折りにして縫う
③5等分にカットする

＊10　ウエストリボンの作り方
①中表に二つ折りにし、
端を図のように斜めに縫う
※もう片端も同様に
左右対称に縫う
②カットする
③表に返し、下端を折って周囲を縫う

＊6　股下と裾を縫う
①前・後ろパンツを中表に
合わせ、通し口を残して縫う
②裾を三つ折りにして縫う
③裾に2cm幅ゴムテープ
（各30cm）を通して縫う
1重ねる

┃サロペットパンツ

PAGE　22
PATTERN　A面

● **材料**
表布…133cm幅×160cm
裏布…40cm×30cm
ゴムテープ…2cm幅×45cm
Dカン…2.7cm幅を2個
ボタン…2.5cm径を2個

● **裁ち合わせ図**
＊指定以外の縫い代は1cm

● **作り方順序**
＊パンツ部分は、20〜21ページを参照して作っ
ておく（ポケットとベルトはなし）。

1　タブを作り、Dカン2個を通し、二つ折りにす
る。→＊1
2　肩ひもを2本作る。→＊2
3　胸当てを作る。タブと右肩ひもを縫い代に縫う。
表布と裏布を中表に合わせ、つけ側を残して縫う。

胸当てを表に返し、ステッチをかける。→＊3
4　内ベルトと外ベルトを作る。→＊4
5　パンツに胸当てとベルトをつける。外・内ベル
トを中表に合わせ、胸当てを挟んで縫い、表に返
しステッチをかける。内・後ろベルトの両脇にゴ
ムテープを縫いとめる。外ベルトとパンツを中表
に合わせて縫い、表に返したらステッチをかける。
肩ひもを好みの長さに調節して縫いつけ、ボタン
をつける。→＊5

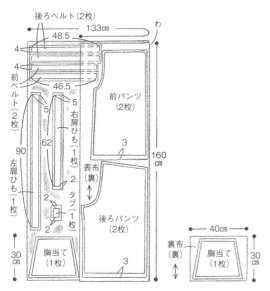

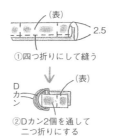

＊1 タブを作る

①四つ折りにして縫う

②Dカン2個を通して
二つ折りにする

＊2 肩ひもを作る

＜右肩ひも＞

3辺の縫い代を折り、
外表に二つ折りにして縫う

※左肩ひもは4辺の
縫い代を折り、
同様に縫う

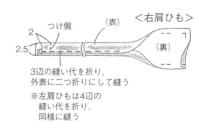

＊3 胸当てを作る

①タブと右肩ひもを縫い代に縫う

②表布と裏布を中表に合わせ、
つけ側を残して縫う

③表に返し、ステッチをかける

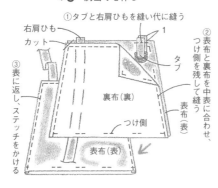

＊4 ベルトを作る

＜内ベルト＞

①前・後ろベルトを中表に合わせ、両脇を縫う

②下端に縁かがりミシンをかける
※外ベルトは①と同様に作る

＊5 パンツに胸当てとベルトをつける

①外・内ベルトを中表に合わせ、胸当てを挟んで縫う

②ベルトを表に返し、ステッチをかける

③内・後ろベルトの両脇に、ゴムテープ（42cm）を縫いとめる

④外ベルトとパンツを中表に合わせて縫う（内ベルトはよける）

⑤表に返し、ステッチをかける

⑥右・左肩ひもを好みの長さに調節して中心
2〜3cm開けて縫いつけ、ボタンをつける

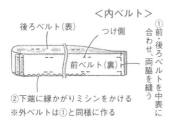

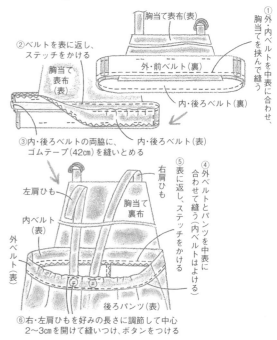

テーパードパンツ

PAGE 23
PATTERN D面

● できあがりサイズ

S	ウエスト90cm、	ヒップ94cm、	股下65cm
M	ウエスト94cm、	ヒップ98cm、	股下65cm
L	ウエスト98cm、	ヒップ102cm、	股下65cm
LL	ウエスト102cm、	ヒップ106cm、	股下65cm
3L	ウエスト106cm、	ヒップ110cm、	股下65cm

● 材料
表布…110cm幅×200cm
ゴムテープ…3cm幅×S36・M38・L40・LL42・3L44cm

● 型紙の作り方と裁断のポイント
前パンツの型紙から、前パンツとポケット口見返しを取ります。
後ろパンツのウエストは、見返しを続けて裁ち出します。前ウエストベルトは、前中心をわ裁ちにして1枚、そのほかのパーツは各2枚ずつ裁断します。ベルト通しは型紙がないので、裁ち合わせ図に示した寸法で、5本分をまとめて裁ちます。

● 裁ち合わせ図
＊指定以外の縫い代は1cm

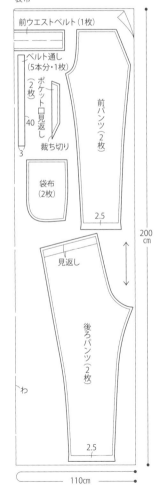

表布

前ウエストベルト（1枚）

ベルト通し（5本分・1枚）

ポケット口見返し（2枚）

40

3

裁ち切り

前パンツ（2枚）

2.5

袋布（2枚）

見返し

後ろパンツ（2枚）

わ

2.5

200cm

110cm

● 作り方順序
＊ポケット口見返し奥、後ろパンツのウエスト見返し奥、前ウエストベルトの裏ベルト奥、袋布の外まわりの縫い代端にジグザグミシンをかけておく。

1 ポケットを作る。まずポケット口に見返しを中表に合わせて縫い、表に返してステッチを2本かける。次に前パンツと袋布のポケット口を重ねて、ステッチを2本かける。→＊1
2 股ぐりを縫う。前パンツ、後ろパンツとも、それぞれ左右を中表に合わせて股ぐりを縫う。縫い代は2枚一緒にジグザグミシンをかけ、それぞれ右パンツ側に倒して表側からステッチをかける。
3 前パンツに前ウエストベルトをつける。前パンツと前ウエストベルトを中表に合わせて縫う。縫い代をベルト側に倒し、前ウエストベルトをできあがり幅で外表に二つ折りにし、アイロンで押さえる。後ろパンツのウエスト見返しも、できあがり線で外表に折ってアイロンをかけておく。→P72＊3

4 脇を縫い合わせる。前・後ろのパンツを中表に合わせ、ウエストベルトまで続けて脇を縫う。このときウエストの縫い代は、ゴムテープ通し口として縫い残しておく。脇の縫い代は2枚一緒にジグザグミシンをかけて後ろ側に倒し、ゴムテープ通し口部分の縫い代は、切り込みを入れて割る。表からステッチをかける。→P72＊4
5 前後の股下を中表に合わせ、裾から裾まで続けて縫う。縫い代は2枚一緒にジグザグミシンをかけて前側に倒す。→P73＊5
6 裾の縫い代を三つ折りにしてステッチをかける。→P73＊6
7 ウエストをできあがりに折って縫う。→P73＊7
8 ベルト通しを作り、ウエストのベルト通しつけ位置に縫いつける。→P73＊8
9 後ろパンツのウエストにゴムテープを通す。ゴムテープの端はパンツの両脇にそれぞれミシンで縫いとめる。→P73＊9

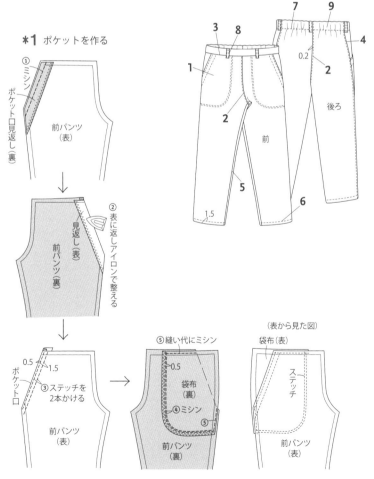

＊1 ポケットを作る

① ミシン
ポケット口見返し（裏）
前パンツ（表）

② 表に返しアイロンで整える
見返し（表）
前パンツ（裏）

0.5　1.5
ポケット口
③ ステッチを2本かける
前パンツ（表）

⑤ 縫い代にミシン
0.5
袋布（裏）
④ ミシン
⑤
前パンツ（裏）

（表から見た図）
袋布（表）
ステッチ
前パンツ（表）

3
8
1
5
1.5
2

7
9
4
0.2
2
6

前
後ろ

*3　前パンツにウエストベルトをつける

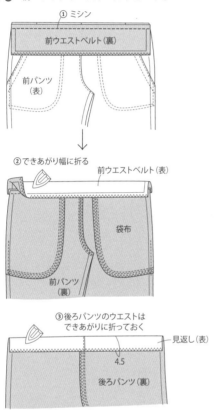

① ミシン

前ウエストベルト（裏）

前パンツ（表）

↓

② できあがり幅に折る

前ウエストベルト（表）

袋布

前パンツ（裏）

③ 後ろパンツのウエストは
できあがりに折っておく

見返し（表）

4.5

後ろパンツ（裏）

*4　脇を縫い合わせる

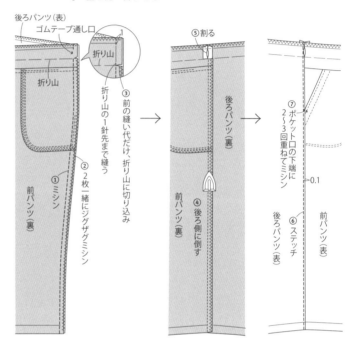

後ろパンツ（表）

ゴムテープ通し口

折り山

折り山

前パンツ（裏）

① ミシン

② 2枚一緒にジグザグミシン

折り山の1針先まで縫う

③ 前の縫い代だけ、折り山に切り込み

⑤ 割る

後ろパンツ（裏）

前パンツ（裏）

④ 後ろ側に倒す

⑦ ポケット口の下端に
2〜3回重ねてミシン

0.1

⑥ ステッチ

前パンツ（表）

後ろパンツ（表）

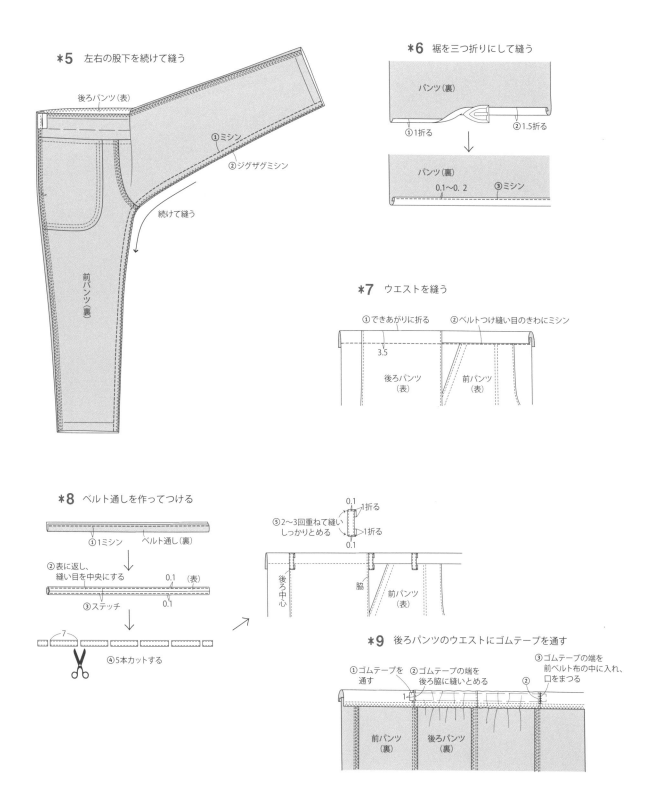

＊5　左右の股下を続けて縫う

後ろパンツ（表）

①ミシン
②ジグザグミシン

続けて縫う

前パンツ（裏）

＊6　裾を三つ折りにして縫う

パンツ（裏）

①1折る　　②1.5折る

パンツ（裏）

0.1〜0.2　　③ミシン

＊7　ウエストを縫う

①できあがりに折る　　②ベルトつけ縫い目のきわにミシン

3.5

後ろパンツ（表）　　前パンツ（表）

＊8　ベルト通しを作ってつける

①1ミシン　　ベルト通し（裏）

②表に返し、縫い目を中央にする

0.1　（表）
③ステッチ
0.1

④5本カットする

7

⑤2〜3回重ねて縫いしっかりとめる

0.1　①折る
①折る
0.1

後ろ中心　　脇　　前パンツ（表）

＊9　後ろパンツのウエストにゴムテープを通す

①ゴムテープを通す　　②ゴムテープの端を後ろ脇に縫いとめる　　③ゴムテープの端を前ベルト布の中に入れ、口をまつる

②

前パンツ（裏）　　後ろパンツ（裏）

シャーリングスカート

PAGE　26〜27

できあがりサイズ
Free size　スカート丈約80cm

● **材料**
表布…110cm幅×210cm
ゴムテープ…0.8cm幅×210cm

● **型紙の作り方**
実物大型紙はありません。製図の寸法で前スカート、後ろスカートの型紙を作ります。

● **作り方順序**
＊前スカート、後ろスカートとも周囲の縫い代端にジグザグミシンをかけておく。

1　前・後ろスカートを中表に合わせて両脇を縫い、縫い代を割る。
2　裾の縫い代を折り、縫う。

3　裾の表タック山をアイロンで折り、タックを縫う。→＊3
4　前スカートのウエストのプリーツを縫う。→＊4
5　ウエストの縫い代を裏面に折って、ステッチを6本かけ、ゴムテープを3本通す。ゴムテープ通し口は、左脇のウエスト縫い代の脇縫い目をほどいて作る。ゴムテープの長さは試着をして決め、ゴムテープの両端を1〜2cm重ねて縫いとめる。→＊5

● **裁ち合わせ図**

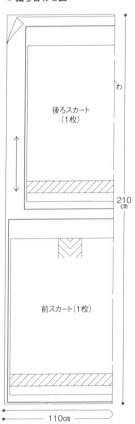

製図　縫い代込みで型紙を作る

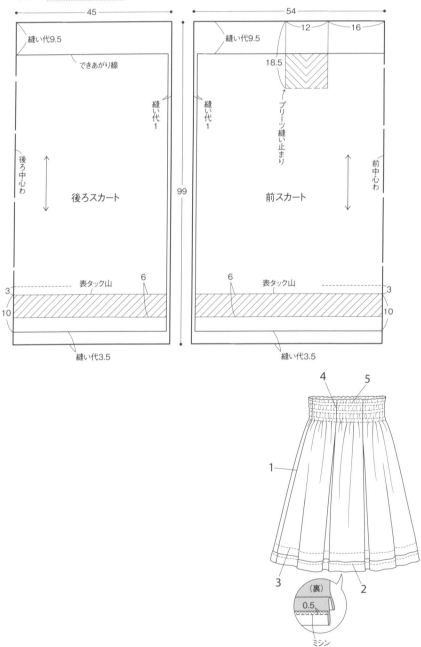

*3 裾のタックを縫う

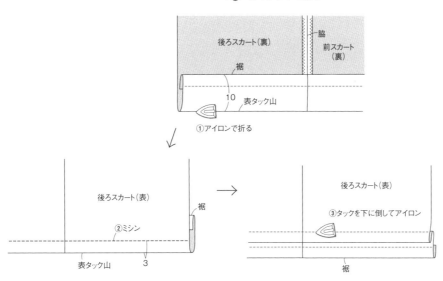

後ろスカート(裏)
脇
前スカート(裏)
裾
10
表タック山
①アイロンで折る

後ろスカート(表)
裾
②ミシン
表タック山
3

後ろスカート(表)
③タックを下に倒してアイロン
裾

*4 ウエストのプリーツを縫う。ウエストできあがり(谷折りの端線部分)を折っておく

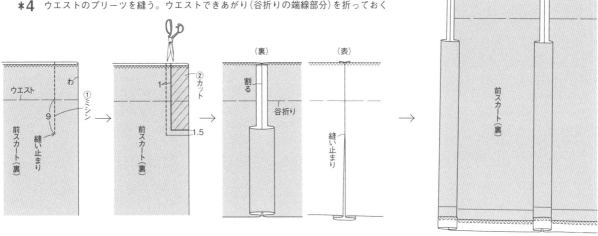

わ
ウエスト
①ミシン
9
前スカート(裏)
縫い止まり

1
②カット
前スカート(裏)
1.5

(裏)
割る
谷折り
縫い止まり

(表)
縫い止まり

前スカート(裏)

*5 ウエストにステッチをかけ、ゴムテープを通す

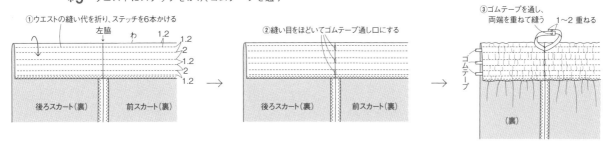

①ウエストの縫い代を折り、ステッチを6本かける
左脇
わ
1.2
1.2
2
1.2
2
1.2
後ろスカート(裏)
前スカート(裏)

②縫い目をほどいてゴムテープ通し口にする
後ろスカート(裏)
前スカート(裏)

③ゴムテープを通し、
両端を重ねて縫う　1〜2　重ねる
ゴムテープ
(裏)

台形スカート

PAGE 28
PATTERN A面

できあがりサイズ

S	ウエスト62cm、	ヒップ90cm、	スカート丈67cm
M	ウエスト66cm、	ヒップ94cm、	スカート丈67cm
L	ウエスト70cm、	ヒップ98cm、	スカート丈67cm

● **材料**
表布…107cm幅×160cm
別布（ウエストパイピング布）…65×65cm
接着テープ…1.5cm幅×50cm
コンシールファスナー…長さ22cmを1本
スプリングホック…1組

● **型紙の使い方**
前・後ろスカートを1枚ずつ裁ちます。ウエスト
部分のパイピング布は、バイアスで下図の寸法で
裁ち切りにします（型紙なし）。

● **裁ち合わせ図**
＊指定以外の縫い代は1cm

● **作り方順序**
＊左脇のファスナーつけ位置の縫い代の裏面に
は、伸び止めのために接着テープを貼っておく。
＊脇、裾の縫い代端にジグザグミシンをかけてお
く。

1 ダーツを縫う。（→P53参照）→＊1
2 左脇を縫ってコンシールファスナーをつける。
（→P54参照）
3 右脇を縫い、縫い代を割る。
4 ウエストをパイピングする。→＊4
5 裾の始末をする。縫い代を折ってステッチをか
ける。
6 ファスナーの上端にスプリングホックをつけ
る。（→P53参照）

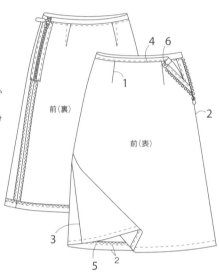

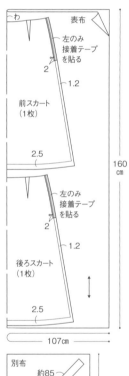

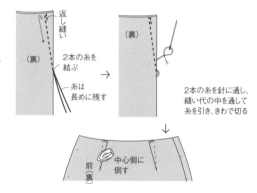

＊1 ダーツを縫う

2本の糸を針に通し、
縫い代の中を通して
糸を引き、きわで切る

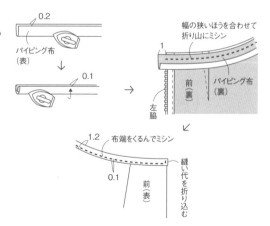

＊4 ウエストをパイピングする

76

タックのロングスカート

PAGE 29
PATTERN C面

<table>
できあがりサイズ	
S	ウエスト61.5cm、スカート丈80cm
M	ウエスト65.5cm、スカート丈80cm
L	ウエスト69.5cm、スカート丈80cm
LL	ウエスト73.5cm、スカート丈80cm
3L	ウエスト77.5cm、スカート丈80cm
</table>

● 材料
表布(リネン)…110cm幅×180cm
接着芯…10×85cm
接着テープ…1.5cm幅を適宜
コンシールファスナー…長さ22cmを1本
かぎホック…1組

● 裁断のポイント
前・後ろスカートは中心をわにして裁ち、ウエスト
ベルトは縫い代端に布のみみを使います。

● 裁ち合わせ図
＊指定以外の縫い代は1cm

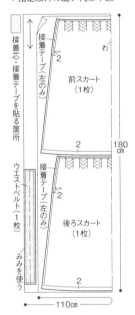

● 作り方順序
＊前・後ろスカートの左脇ファスナーつけ位置の
縫い代裏面に、伸び止めのために接着テープを貼
る。ウエストベルトの裏面には接着芯を貼る。
＊脇と裾の縫い代端にジグザグミシンをかける。

1 タックをたたんで仮どめする。→＊1
2 左脇を縫い、コンシールファスナーをつける。
（→P54参照）
3 右脇を縫い、縫い代を割る。
4 ウエストベルトをつける。→＊4
5 裾の始末をする。裾を折り上げてステッチをか
ける。
6 左脇あきにかぎホックをつける。→＊6

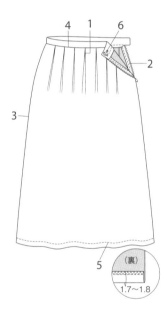

＊1 タックをたたんで仮どめする

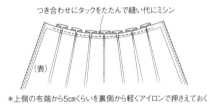

つき合わせにタックをたたんで縫い代にミシン

＊上側の布端から5cmくらいを裏側から軽くアイロンで押さえておく

＊4 ウエストベルトをつける

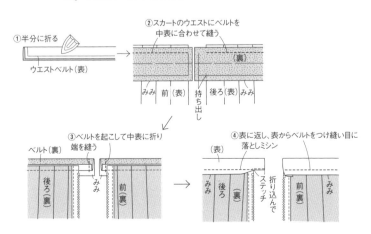

＊6 かぎホックをつける

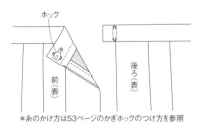

＊糸のかけ方は53ページのかぎホックのつけ方を参照

▮ フリルワンピース

PAGE 38
PATTERN B面

● 材料
表布…110cm幅×220cm
接着芯…90×30cm
ゴムテープ…0.6cm幅をS20・M21・L22cm

● 型紙の作り方
前後身頃の型紙から、それぞれ身頃と見返しの型紙を写し取ります。前後スカートとウエストリボンは実物大型紙がついていません。それぞれ、製図の寸法で長方形の型紙を作ります。

● 作り方順序
＊前・後ろ見返しの裏面に接着芯を貼り、下側の縫い代端にジグザグミシンをかけておく。
＊前後身頃の表面に、肩ひもつけ位置をチャコペンで印しておく。

1 身頃に見返しをつける。前、後ろとも身頃と見返しを中表に合わせて上端を縫う。袖ぐりの縫い代に切り込みを入れてから見返しを表に返し、アイロンで整える。→＊1
2 前身頃の上端に、ステッチをかけてゴムテープを通す。→＊2
3 フリルを作り、肩ひもにつける。フリルは外まわりの縫い代を三つ折りにしてステッチをかけ、肩あたりにギャザーを寄せてから、肩ひもと縫い合わせる。→＊3

4 肩ひもを身頃のつけ位置に重ねて、縫いとめる。→＊4
5 脇を縫う。前後身頃を中表に合わせ、見返しまで続けて脇を縫う。→＊5
6 前後スカートを中表に合わせて脇を縫う。縫い代は端を2枚一緒にジグザグミシンをかけて後ろ側に倒す。
7 スカートの裾縫い代を2.5cm幅の三つ折りにし、ステッチをかける。
8 スカートのウエストにギャザーを寄せ、身頃と縫い合わせる。縫い代は端を2枚一緒にジグザグミシンをかけて身頃側に倒す。（→P80＊7参照）
9 ウエストリボンを作ってつける。ウエストリボンは2cm幅に折って周囲にステッチをかける。つけるときは、それぞれリボンの中央を身頃の前・後ろ中央に合わせてつけ位置にのせ、縫いとめる。

● 裁ち合わせ図
＊指定以外の縫い代は1cm

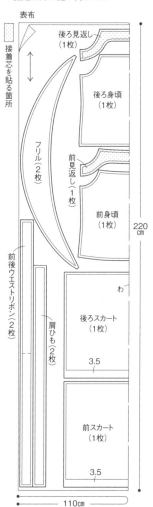

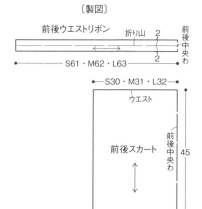

〔製図〕

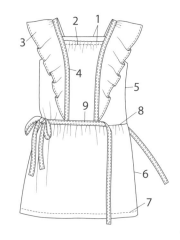

＊1 身頃に見返しをつける

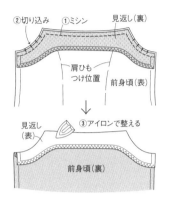

②切り込み　①ミシン　見返し（裏）

肩ひも
つけ位置　前身頃（表）

③アイロンで整える
見返し
（表）
前身頃（裏）

＊2 前身頃の上端にゴムテープを通す

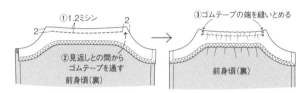

①1.2ミシン　2
2
②見返しとの間から
ゴムテープを通す
前身頃（裏）

③ゴムテープの端を縫いとめる
前身頃（裏）

＊3 フリルを肩ひもにつける

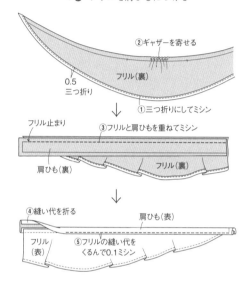

②ギャザーを寄せる
フリル（裏）
0.5
三つ折り
①三つ折りにしてミシン

フリル止まり
③フリルと肩ひもを重ねてミシン
肩ひも（裏）　フリル（裏）

④縫い代を折る　肩ひも（表）
フリル
（表）
⑤フリルの縫い代を
くるんで0.1ミシン

＊4 肩ひもを身頃に縫いとめる

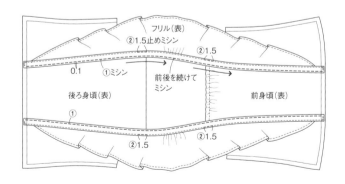

フリル（表）
②1.5止めミシン
②1.5
0.1　①ミシン
前後を続けて
ミシン
後ろ身頃（表）　　前身頃（表）
①
②1.5
②1.5

＊5 見返しまで続けて脇を縫う

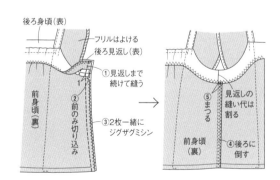

後ろ身頃（表）
フリルはよける
後ろ見返し（表）
①見返しまで
続けて縫う
前身頃（裏）
②前のみ切り込み
③2枚一緒に
ジグザグミシン

⑤まつる
見返しの
縫い代は
割る
前身頃
（裏）
④後ろに
倒す

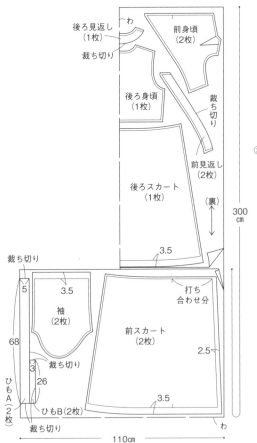

カシュクールワンピース

PAGE 43
PATTERN A面

できあがりサイズ
M バスト92.5cm、ウエスト84.5cm、着丈105.5cm、袖丈42.5cm
L バスト96.5cm、ウエスト89cm、着丈105.5cm、袖丈42.5cm

● **材料（M・L共通）**
表布…110cm幅×300cm

● **裁断のポイント**
ひもA・Bは、下図の寸法で裁ち切りにします（型紙なし）。

● **作り方順序**
＊身頃の肩と脇、スカートの前端と脇、裾、袖口と袖下の縫い代、見返しの肩と下側に縁かがりミシンをかけておく。

1 ひもA・Bを作る。→＊1
2 ダーツを縫い、縫い代を下側に倒す。→＊2
3 身頃の肩を縫い、縫い代を割る。見返しの肩も縫い、縫い代を割る。
4 身頃の脇を縫い、縫い代を割る。左脇は、ひもAを挟んで縫う。
5 前・後スカートの脇を縫い、縫い代を割る。

6 スカートの裾、前端の縫い代を折り、ステッチをかける。
7 スカートのウエストにギャザーを寄せて、身頃と縫い合わせる。→＊7
8 襟ぐりの縫い代を見返しで始末をする。→＊8
9 袖を作る。→＊9
10 身頃の袖ぐりに袖を中表に合わせ、袖をつける。縫い代は2枚一緒に縁かがりミシンで始末する。→＊10
11 右脇内側にひもBを縫いとめる。

● **裁ち合わせ図**
＊指定以外の縫い代は1cm

（裁ち合わせ図：後ろ見返し（1枚）、前身頃（2枚）、裁ち切り、後ろ身頃（1枚）、前見返し（2枚）、後ろスカート（1枚）、3.5、袖（2枚）、前スカート（2枚）、打ち合わせ分、2.5、3.5、ひもA（2枚）、ひもB（2枚）、5、3、26、68、3.5、わ、110cm、300cm）

＊1 ひもを作る

①中表に二つ折りにして縫う
（裏）（表）A1.5、B1

②表に返して縫い目を中央にずらし、アイロンで整える
（表）（裏）A1.5、B1

③片端を1cm折り込み、仮どめする　A 2本、B 2本作る
（表）0.5

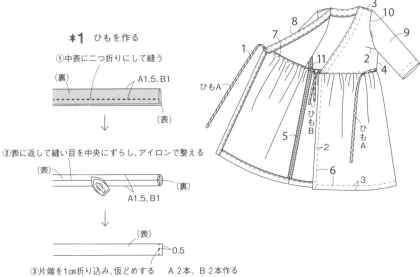

＊2 ダーツを縫う

①中表に合わせてダーツを縫う
返し縫い
②①の2本の糸を長めに残してカットし、結ぶ
前身頃（裏）

③②の糸を針に通し縫い代の中に入れて、きわで切る
前身頃（裏）

④縫い代を下側に倒す
前身頃（裏）

● 左右対称にもう1枚作る

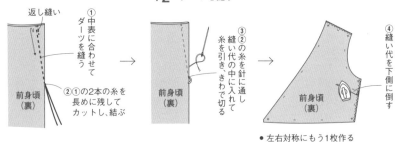

＊7 ウエストを縫う

①スカートのウエストに粗ミシンを2本かける
0.2　0.5
スカート（表）

②①の下糸2本を一緒に引いてギャザーを寄せる
スカート（表）

④③の縫い代に2枚一緒に縁かがりミシンをかける
後ろ身頃（裏）　前身頃（裏）
前スカート（表）

③身頃とスカートを中表に合わせて縫う

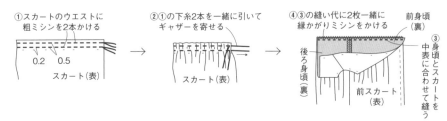

＊8 襟ぐりを始末する

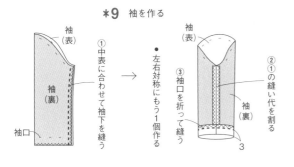

①身頃と見返しを中表に合わせて縫う
後ろ身頃(裏)
見返し(裏)
前身頃(表)
右前はひもA、左前はひもBを挟む

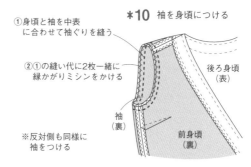

②見返しを縫い目で返してステッチをかける
後ろ身頃(表)
見返し(表)
0.5
2.5~3
0.5
前身頃(裏)
③ウエストにステッチをかける
前スカート(裏)

＊9 袖を作る

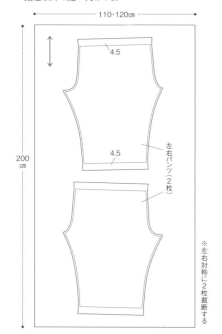

袖(表)
袖(裏)
袖口
①中表に合わせて袖下を縫う
●左右対称にもう1個作る
袖(表)
③袖口を折って縫う
②①の縫い代を割る
袖(裏)
3

＊10 袖を身頃につける

①身頃と袖を中表に合わせて袖ぐりを縫う
②①の縫い代に2枚一緒に縁かがりミシンをかける
後ろ身頃(表)
袖(裏)
前身頃(裏)
※反対側も同様に袖をつける

リラックスパンツ

PAGE　16～17
PATTERN　D面

できあがりサイズ
Free size　ヒップ96cm、股下50cm

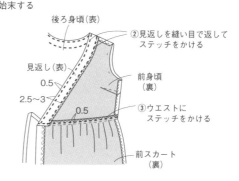

● **材料**
表布…110・120cm幅×200cm
ゴムテープ…2cm幅をウエスト寸法

● **型紙の使い方**
左右パンツの型紙は共通。

● **裁ち合わせ図**
＊指定以外の縫い代は1cm

● **作り方順序**
1 左右の股下をそれぞれ縫い、縫い代は2枚一緒にジグザグミシンをかけ、前側に倒す。
2 左右パンツを中表に合わせて股ぐりとウエストを縫い、ゴムテープを通す。→＊2
3 裾を三つ折りにしてステッチをかける。

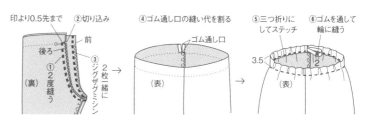

2
1
3
(裏) 0.1 3.5

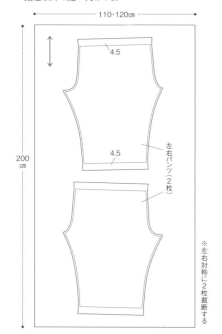

110・120cm
4.5
4.5
左右パンツ(2枚)
200cm
※左右対称に2枚裁断する

＊2 股ぐりとウエストを縫い、ゴムテープを通す

印より0.5先まで
②切り込み
前
後ろ
①2度縫う
③2枚一緒にジグザグミシン
(裏)
④ゴム通し口の縫い代を割る
ゴム通し口
(表)
⑤三つ折りにしてステッチ
3.5
(表)
⑥ゴムを通して輪に縫う
2

ノースリーブのワンピース
スラッシュあきのノースリーブのワンピース

PAGE 44〜45
PATTERN C面

● できあがりサイズ
S バスト90cm、ヒップ104cm、着丈97cm
M バスト94cm、ヒップ108cm、着丈97cm
L バスト98cm、ヒップ112cm、着丈97cm

● できあがりサイズ
S バスト90cm、ヒップ104cm、着丈97cm
M バスト94cm、ヒップ108cm、着丈97cm
L バスト98cm、ヒップ112cm、着丈97cm

● 材料
［A ノースリーブのワンピースの材料］
表布…114cm幅×220cm
［B スラッシュあきのノースリーブの
ワンピースの材料］
表布…106cm幅×250cm

● 型紙の使い方
前・後ろ身頃、前・後ろ見返しは中心をわにして
裁ちます。襟ぐりにスラッシュあきを入れる際は、
型紙の印を忘れずに布につけます。

● 作り方順序
＊脇、裾の縫い代端と、見返し奥にジグザグミシ
ンをかけておく。

1 ダーツを縫い、縫い代を下側に倒す。（ダーツ
の縫い方は→P80＊2参照）
2 身頃の脇を縫い、縫い代を割る。見返しの脇も
縫い割っておく。→＊2

3 襟ぐり、袖ぐりを見返しで始末する。このとき、
Bは前中心にスラッシュあきを作る。
→＊3
4 前後の肩を重ねてとめる。→＊4
5 裾を折り上げてまつる。

● 裁ち合わせ図
＊指定以外の縫い代は1cm

A ノースリーブのワンピース

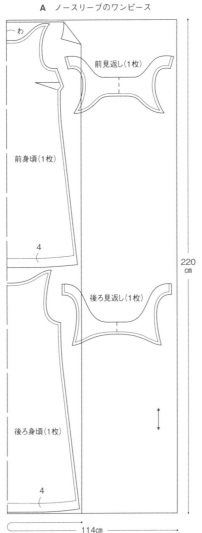

B スラッシュあきのノースリーブのワンピース

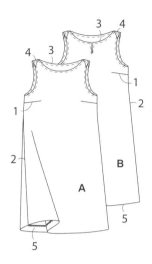

*2 前後身頃と前後見返しの脇をそれぞれ縫い合わせる

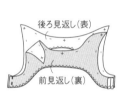

後ろ（表）

前身頃（裏）

後ろ見返し（表）

前見返し（裏）

*3 襟ぐり、袖ぐりを見返しで始末する

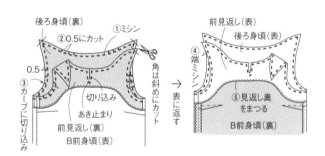

後ろ身頃（裏）
①ミシン
②0.5にカット
0.5
③カーブに切り込み
角は斜めにカット
切り込み
あき止まり
前見返し（裏）
B前身頃（表）

前見返し（表）
後ろ身頃（表）
④端ミシン
→表に返す
⑤見返し奥をまつる
B前身頃（裏）

*4 前後の肩を重ねてとめる

後ろを上にして重ねる

重ねてミシン

縫いとめる
前（表）

I ロングスリーブのワンピース

PAGE 46
PATTERN C面

できあがりサイズ				
S	バスト90cm、	ヒップ104cm、	着丈97cm、	袖丈45cm
M	バスト94cm、	ヒップ108cm、	着丈97cm、	袖丈45cm
L	バスト98cm、	ヒップ112cm、	着丈97cm、	袖丈45cm

● 材料
表布…108cm幅×220cm
バイアステープ（両折りタイプ）…
　2cm幅×110cm

● 型紙の使い方
前・後ろ身頃、前・後ろ見返しは、中心をわにして裁ちます。ひもは下図の寸法で裁ち切りにします（型紙なし）。ひも通しの当て布は、市販のバイアステープを使いますが、薄手のコットンで作ってもOK。

● 裁ち合わせ図
＊指定以外の縫い代は1cm

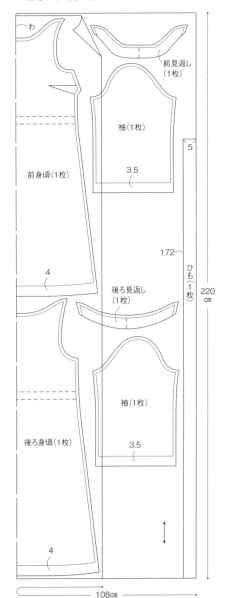

● 作り方順序
＊脇、裾の縫い代端と、見返し奥にジグザグミシンをかけておく。

1　前身頃に、ミシンについているボタンホール機能を利用して、ひも通し口を作る。
2　ダーツを縫い、縫い代を下側に倒す。（ダーツの縫い方は→P80＊2参照）
3　襟ぐりを見返しで始末する。→＊3
4　脇を縫い合わせ、縫い代を割る。
5　ウエストの裏面にひも通し用のバイアステープをあててミシンで押さえる。
6　袖を作る。（→P81＊9参照）
7　袖をつける。→＊7
8　裾を折り上げてまつる。
9　ひもを四つ折りにして作り、ウエストに通す。

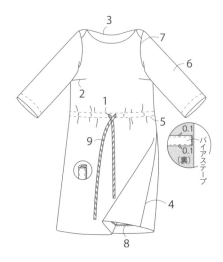

＊3　襟ぐりを見返しで始末する

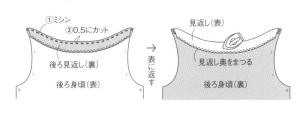

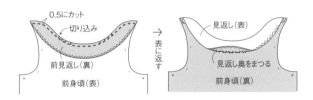

＊7　袖をつける

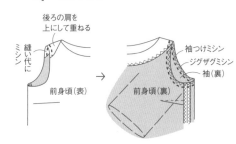

七分袖のワンピース　arrange 1

スリット入りチュニック

PAGE　42
PATTERN　B面

● できあがりサイズ
Free size　着丈約58cm

● 材料
表布…110cm幅×130cm
接着芯…10×15cm
伸び止めテープ…0.9cm幅×70cm
両折りバイアステープ…1.1cm幅×110cm
ボタン…2cm径を1個

● 作り方順序
＊P40を参照し、プロセス2の「襟ぐりに伸び止めテープを貼る」まで進めておく。

1 肩を縫い、襟ぐりを始末する。→＊1
（①〜③まではP41を参照して進める）
2 袖口を始末する。→＊2
3 脇のスリットを作り、まとめる。→＊3

● 裁ち合わせ図
＊指定以外の縫い代は1cm

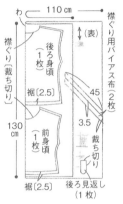

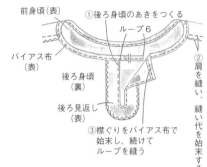
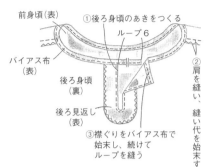

＊1　肩を縫い、襟ぐりを始末する

①後ろ身頃のあきをつくる
ループ6
バイアス布（表）
前身頃（表）
後ろ身頃（裏）
後ろ見返し（表）
②肩を縫い、縫い代を始末する
③襟ぐりをバイアス布で始末し、続けてループを縫う

前身頃（裏）
1.2　0.5　重ねる
1.2
後ろ身頃（表）
後ろ見返し（表）
④縫う
⑤ボタンをつける
④表に返し、バイアス布のループ部分を二つ折りにして

＊2　袖口を始末する

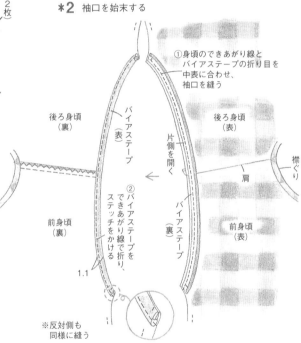

後ろ身頃（裏）
バイアステープ（表）
後ろ身頃（表）
片側を開く
前身頃（裏）
バイアステープ（裏）
肩
襟ぐり
①身頃のできあがり線とバイアステープの折り目を中表に合わせ、袖口を縫う
②バイアステープをできあがり線で折り、ステッチをかける
1.1
※反対側も同様に縫う

＊3　脇のスリットを作り、まとめる

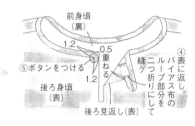
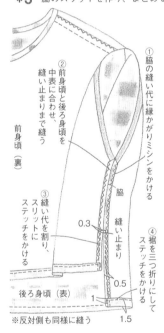

前身頃（裏）
①前身頃と後ろ身頃を中表に合わせ、縫い止まりまで縫う
②前身頃と後ろ身頃を中表に合わせ、縫い止まりまで縫う
①脇の縫い代に縁かがりミシンをかける
脇
縫い止まり
0.3
③縫い代を割り、スリットにステッチをかける
④裾を三つ折りにしてステッチをかける
0.5
1
1.5
後ろ身頃（表）
※反対側も同様に縫う

七分袖のワンピース　arrange 2

フレンチスリーブワンピース

PAGE　42
PATTERN　B面

● 材料
表布…110cm幅×230cm
伸び止めテープ…0.9cm幅×70cm
接着芯…10×15cm

╭─────────────────────────╮
│ **ベルトリボンの作り方** │
│ 縦7×横75cmの生地2枚を用意する。長辺と │
│ 片方の短辺を1cm折って外表に二つ折りにし、 │
│ つけ側を残して周囲にステッチをかける。 │
╰─────────────────────────╯

● できあがりサイズ
Free size　着丈約100cm

1 P40〜41の写真プロセスを参照し、1「布を裁つ」〜5「襟ぐりを始末する」まで進めておく（ただし、袖はなし）。
2 上の「スリット入りチュニック」の＊2「袖口を始末する」を参照し、袖口を始末する。
3 左の「ベルトリボンの作り方」を参照してリボンを作り、身頃の脇にあるベルトつけ位置にベルトリボンを1本ずつ挟んで、脇と一緒に縫う。

ITEM LIST

シャツパーカ

オリジナル：『ソーイングナチュリラ』vol.2
サイズ展開：S/M/L
用尺：110cm幅×220cm
HOW TO MAKE：67ページ

ノーカラープルオーバー

オリジナル：『ソーイングナチュリラ』vol.4
サイズ展開：Free size
用尺：（白）110cm幅×150cm
（ボーダー）150cm幅×80cm
HOW TO MAKE：58ページ

リラックスパンツ

オリジナル：『ソーイングナチュリラ』vol.2
サイズ展開：Free size
用尺：110・120cm幅×200cm
HOW TO MAKE：81ページ

夏のポンチョ

オリジナル：『ソーイングナチュリラ』vol.2
サイズ展開：Free size
用尺：150cm幅×150cm
HOW TO MAKE：59ページ

イージーパンツ

オリジナル：『ソーイングナチュリラ』vol.3
サイズ展開：S/M/L
用尺：150cm幅×150cm
HOW TO MAKE：68ページ

スタンドカラーのシャツ

オリジナル：『ソーイングナチュリラ』vol.1
サイズ展開：SM/ML
用尺：112cm幅×210cm
HOW TO MAKE：60〜61ページ

ガウチョパンツ

オリジナル：『コットンタイム』2017年5月号
サイズ展開：Free size
用尺：110cm幅×180cm
HOW TO MAKE：20〜21ページ

リボンタイのプルオーバー

オリジナル：『ソーイングナチュリラ』vol.5&6
サイズ展開：S/M/L/LL/3L
用尺：110cm幅×190cm
HOW TO MAKE：62〜63ページ

ガウチョパンツ arrange1
ふんわりパンツ

オリジナル：『コットンタイム』2017年5月号
サイズ展開：Free size
用尺：110cm幅×260cm
HOW TO MAKE：69ページ

ノースリーブのブラウス

オリジナル：『ソーイングナチュリラ』vol.1
サイズ展開：S/M/L
用尺：114cm幅×130cm
HOW TO MAKE：64ページ

ガウチョパンツ arrange2
サロペットパンツ

オリジナル：『コットンタイム』2017年5月号
サイズ展開：Free size
用尺：133cm幅×160cm
＋裏布40×30cm
HOW TO MAKE：70ページ

バタフライスリーブのブラウス

オリジナル：『ソーイングナチュリラ』vol.1
サイズ展開：S/M/L
用尺：114cm幅×140cm
HOW TO MAKE：65ページ

テーパードパンツ

オリジナル：『ソーイングナチュリラ』vol.4&
『ソーイングナチュリラ
シンプル＆ナチュラルなおしゃれ服』
サイズ展開：S/M/L/LL/3L
用尺：110cm幅×200cm
HOW TO MAKE：71〜73ページ

ラグランスリーブのプルオーバー

オリジナル：『ソーイングナチュリラ』vol.1
サイズ展開：S/M/L
用尺：112cm幅×180cm
HOW TO MAKE：66ページ

シャーリングスカート

オリジナル：『ソーイングナチュリラ』vol.5
サイズ展開：Free size
用尺：110cm幅×210cm
HOW TO MAKE：74〜75ページ

台形スカート

オリジナル：『ソーイングナチュリラ』vol.1
サイズ展開：S/M/L
用尺：107cm幅×160cm
+ウエストパイピング布65×65cm
HOW TO MAKE：76ページ

タックのロングスカート

オリジナル：『ソーイングナチュリラ』vol.3&6
サイズ展開：S/M/L/LL/3L
用尺：110cm幅×180cm
HOW TO MAKE：77ページ

レース生地のスカート

オリジナル：『コットンタイム』2018年7月号
サイズ展開：Free size
用尺：110cm幅×160cm
HOW TO MAKE：32〜33ページ

バルーンスカート

オリジナル：『コットンタイム』2018年7月号
サイズ展開：Free size
用尺：110cm幅×165cm
HOW TO MAKE：32〜33ページ

フリルワンピース

オリジナル：『ソーイングナチュリラ』vol.4
サイズ展開：S/M/L
用尺：110cm幅×220cm
HOW TO MAKE：78〜79ページ

七分袖のワンピース

オリジナル：『コットンタイム』2016年5月号
サイズ展開：Free size
用尺：110cm幅×260cm
HOW TO MAKE：40〜41ページ

**七分袖のワンピース arrange1
スリット入りチュニック**

オリジナル：『コットンタイム』2016年5月号
サイズ展開：Free size
用尺：110cm幅×130cm
HOW TO MAKE：85ページ

**七分袖のワンピース arrange2
フレンチスリーブワンピース**

オリジナル：『コットンタイム』2016年5月号
サイズ展開：Free size
用尺：110cm幅×230cm
HOW TO MAKE：85ページ

カシュクールワンピース

オリジナル：『ソーイングナチュリラ』vol.1 &
『コットンタイム』2020年9月号
サイズ展開：M/L
用尺：110cm幅×300cm
HOW TO MAKE：80〜81ページ

ノースリーブのワンピース

オリジナル：『ソーイングナチュリラ』vol.1
サイズ展開：S/M/L
用尺：114cm幅×220cm
HOW TO MAKE：82〜83ページ

**スラッシュあきの
ノースリーブのワンピース**

オリジナル：『ソーイングナチュリラ』vol.1
サイズ展開：S/M/L
用尺：106cm幅×250cm
HOW TO MAKE：82〜83ページ

ロングスリーブのワンピース

オリジナル：『ソーイングナチュリラ』vol.1
サイズ展開：S/M/L
用尺：108cm幅×220cm
HOW TO MAKE：84ページ

協力店リスト（50音順）

クロバー株式会社 …………… (tel)06-6978-2277　https://clover.co.jp

CHECK&STRIPE …………… http://checkandstripe.com

nest Robe 表参道店 …… 東京都渋谷区神宮前 4-4-8　(tel)03-6438-0717

株式会社フジックス ……… (tel)075-463-8112　https://www.fjx.co.jp

ホビーショップサンドウ … https://www.syugeiyasan.co.jp

Design

伊藤みちよ
洋服作家。2002年に、オリジナルブランド「May Me」を設立。"シンプルで少し可愛らしく、長く愛用できるお気に入りの一着"をコンセプトに、大人服中心のデザイン制作を手がけている。著書は『May Meスタイル シンプルワードローブ』（日本ヴォーグ社）など。
http://www.mayme-style.com
インスタグラム@mayme34

Quoi?Quoi?
同じアパレルメーカーに勤めていたデザイナー・久文麻未さんとパタンナー・三代朝美さんが結成したソーイングユニット。著書は『1日でぬえる！簡単楽ちんワンピース子どものおしゃれなアッパッパ』（主婦の友社）など多数。今後の出版予定や最新情報はこちら。インスタグラム @mamihisafumi
公式サイト 久文麻未の<はじめて洋裁店>
https://hajimeteyosaiten.com

坂内鏡子
ソーイングデザイナー・パタンナー。アパレルメーカーで企画部パタンナーとして勤務後、フリーランスに。毎月、CHECK&STRIPEなどでワークショップを開催。著書は『作り続けたい 大人のワードローブ』『こだわりパターンで作る 毎日着られる大人服』（共にブティック社）など。
http://www.summieworks.com
インスタグラム@kyokosakauchi

平 真実
アパレルメーカーから独立後、リネンを中心に天然素材の着心地のよさを大切に衣服から暮らしまわりまで展開するブランド「LISETTE」をたちあげる。同ブランドのデザイン、ディレクターを担うほか雑誌、書籍のスタイリング、カフェのディレクションなど多岐にわたり活躍。著書に『わたしの好きな、ミニマルな10着』（文化出版局）がある。

野木陽子
ソーイング作家。大人服、子ども服を中心とした作品を製作するほか、秋葉原ものづくり館や吉祥寺ボビナージュのワークショップなどで講師を務め、ハンドメイドの楽しさを提案している。著書は『ワンピースの基本パターン集』『シャツ&ブラウスの基本パターン集』（共に日本ヴォーグ社）など。
http://www.yokonogi.com

水野佳子
ソーイングデザイナー。アパレル会社勤務後、フリーとしてサンプル縫製、舞台衣装制作、講師などでも活動。ソーイングの基礎を紹介したシリーズ書籍が好評。著書は『エコファーで作る ウェア、小物、インテリア』『きれいに縫うための パターン 裁断 縫い方の基礎の基礎』（共に文化出版局）など。

Staff

【表紙、P16-17、P26-27 撮影】
カメラマン	落合里美
スタイリスト	南雲久美子
ヘアメイク	櫻井優子
モデル	なお（Gunn's）

構成・取材	中村真希子
ブックデザイン	静谷美佐樹（Shizu GD）
イラスト	坂本奈緒
作品製作（リラックスパンツ）	羽柴麻衣子
製図調整	三宅愛美
型紙配置	久野麻衣
校閲	滄流社
編集担当	池田直子

Special Thanks
『ソーイングナチュリラ』誌上に携わってくださった作家、カメラマン、ライター、スタイリスト、モデル、製図、イラストレーター、その他たくさんのみなさま

ソーイングナチュリラ
大人のおうち服

編 者	主婦と生活社
編集人	石田由美
発行人	倉次辰男
発行所	株式会社 主婦と生活社
	〒104-8357 東京都中央区京橋3-5-7
	編集部 TEL03-3563-5361
	FAX03-3563-0528
	販売部 TEL03-3563-5121
	生産部 TEL03-3563-5125
	https://www.shufu.co.jp/

製版所	東京カラーフォト・プロセス株式会社
印刷所	大日本印刷株式会社
製本所	共同製本株式会社

ISBN978-4-391-15636-2